J.M. Kempa

Paul, der Ara
Flegeljahre eines Aras

J.M. Kempa

Paul, der Ara

Flegeljahre eines Aras

Rediroma-Verlag

Bibliografische Information der Deutschen Nationalbibliothek:
Die Deutsche Nationalbibliothek verzeichnet diese Publikation in der Deutschen Nationalbibliografie; detaillierte bibliografische Daten sind im Internet über http://portal.dnb.de abrufbar.

ISBN 978-3-96103-861-9

www.rediroma-verlag.de
8,95 Euro (D)

Inhaltsverzeichnis:

Vorwort

Dies ist keine weitere Anleitung über die Haltung und Pflege von Papageien, besonders von Großpapageien. Es gibt zahlreiche Bücher von qualifizierten Ornithologen und Züchtern dieser einmaligen und sehr intelligenten Vögel. Ich habe es mir als Halter eines Gelbbrustara und später eines Dunkelroten Aras, oder Grünflügelaras zur Aufgabe gemacht, mich in die Gemütslage und die Situation dieses herrlichen Tieres zu begeben, soweit es möglich ist. Ich beobachte unseren Paul jeden Tag sehr intensiv. Es ist äußerst wichtig, dass diese Vögel sehr viel Zuneigung und Ansprache erhalten. Ich selbst habe zwei Kinder, ein Mädchen und einen Jungen, erzogen und alle Situationen, angefangen vom Säuglingsalter über die frühkindliche Entwicklung, die Teeniephase bis hin zum äußerst schwierigen und nervenaufreibenden Pubertätsalter selbst durchlebt. Ich kann auch sagen, dass während der einzelnen Entwicklungsphasen besonders bei diesen Großpapageien eine konsequente Erziehung unabdingbar ist. Sonst landet man unweigerlich in der Nervenheilanstalt.

Bei diesen Tieren, den Aras, lassen sich auffallend viele Parallelen gegenüber der Kindererziehung und Entwicklungsphase feststellen. Nur das leidige Windelwechseln bleibt einem erspart, das wäre bei der manchmal auftretenden Sauerei ganz nützlich. Die Vögel fressen wie die sprichwörtlichen Scheunendrescher und – drücken wir es einmal gepflegt aus – erledigen ihre Notdurft den ganzen Tag und überall. Ein Durchlauferhitzer ist nichts dagegen.

Es ist sehr peinlich und unappetitlich, wenn dieser ach so niedliche Geier am Tisch sitzt, um nach Leckerlies zu betteln, „Paul auch“ ruft und noch weitere lustige Wörter und Sätze von sich gibt. Die Gäste finden so etwas sehr lustig und ganz großartig. Solange, bis der Vogel einen Riesenschiss auf den Tisch oder Teller absetzt. Das macht sich gut auf dem Käsebrötchen Aber wie so oft, das Tier kann nichts dafür. Der Mensch hat dafür zu sorgen, dass ein Tier, egal, was für eines, nicht am oder auf dem Tisch sitzt. Ich habe schon Tierbesitzer erlebt, die ihrem Hund ein Leberwurstbrot schmieren und dieses am Tisch zu fressen geben. Es kommt auch vor, dass eine extra Hühnersuppe gekocht wird, natürlich mit Einlagen aller Art. Ärmere Menschen träumen nur von einem solchen Mahl. Es kommt auch vor, dass Katzenbesitzer ihre Stubentiger auf dem Tisch sitzend füttern. Ihre Lieblinge speisen neben dem eigenen Teller und gespeist wird dann zusammen.

Jedem das Seine und wie man Tierliebe auslegt. Ein Tier sollte immer ein Tier bleiben. Einen Gefallen wird diesen lieben Geschöpfen nicht getan und kann auch sehr krank machen. Alles schon erlebt. Nicht ich selbst, aber im engsten Bekanntenkreis, bis hin zum Tod. Ich möchte dies nur anmerken.

Die Aras sind eigentlich Allesfresser, denn Futter aller Art wird gierig angenommen und runtergeschlungen. Wir dachten, dass besonders unser Paul nur Obst und Körner bzw. Nüsse zu sich nimmt. Aber sehr bald stellten wir fest, der haut ja alles weg. Fisch, Fleisch, Eierspeisen und noch viel mehr. Nach dem ausgiebigen Studium der einschlägigen Literatur war diese Art der Schlemmerei zu Ende. Diese Vögel sind sehr empfindlich und werden krank oder fallen einfach tot vom Ast. Die inneren Organe sind für eine solche Nahrung nicht geschaffen. Gewürze sind tödlich, genauso wie Avocados.

Also, kein Gekreische und betteln erweicht uns mehr. Wir verlassen nun bei den Mahlzeiten unser Speisezimmer, man könnte auch sagen, dass wir uns regelrecht verstecken, um in aller Ruhe essen zu können. Schön blöd, oder?

Auch eine teure und gepflegte Wohnungseinrichtung sollte bei der Haltung dieser Vögel gründlich überdacht werden. Wenn diese Papageien im selben Zimmer gehalten werden, in dem die Topgarnitur oder der schön furnierte und ein womöglich Hochglanz-Wohnzimmerschrank stehen, dann ist es sehr bald vorbei mit der Herrlichkeit. Es wird überall geknabbert und reingebissen. Das kann man den Aras nicht abgewöhnen. Nur ein konsequentes „Nein“ schafft kurz Abhilfe, manchmal, und dann ist es meistens schon zu spät.

Die ersten Worte von unserem Paul und später Paula, waren ein lautes und immer wiederkehrendes „NEIN … NEIN … NEIN“, stundenlang. Ein eigenes Zimmer, in dem die Vögel sich bei ihrem Freigang so richtig austoben können, schafft dem Ganzen Abhilfe. Es schont die Nerven und beugt einer Ehekrise vor, und die Vögel haben weniger Stress. Es sind wunderbare Tiere, mit eigenem Kopf und sehr intelligent. Sie brauchen den Freiflug und den Freigang. Sie nur im Käfig zu halten, ist Tierquälerei. Eine Voliere wäre ideal, das kann aber Stress mit der Nachbarschaft geben.

Wer solch einen Ara sieht, der wird sehr schnell sein Herz an diese liebevollen und majestätischen Vögel verlieren. Diese imposanten Zeitgenossen sind für sehr viele Menschen der Inbegriff aller Papageien. Die Schönheit, Intelligenz, Zutraulichkeit und Spielfreude dieser Tiere ziehen jeden Betrachter in den Bann. Alle Papageienhalter und Liebhaber wissen, dass nur bei einer artgerechten

Haltung diese Vögel gesund und munter bleiben werden. Dafür ist einiges an Aufwand und viel Einfühlungsvermögen nötig. Zu bedenken ist der sehr große finanzielle Aspekt. Papageien sind niemals einzeln zu halten, denn sie leben außerhalb ihrer Brutzeit in großen Schwärmen zusammen. Das ist in einem normalen Haushalt nicht so ohne weiteres möglich. Aber einen Partner müssen die Vögel haben. Paare bleiben ein Leben lang zusammen und wenn der Partner stirbt, dann ist es nicht selten vorgekommen, dass auch der übriggebliebene Vogel aus Kummer und Trauer stirbt. Ein Mensch kann und wird den Vogelpartner nie ersetzen können.

Für einen so großen Vogel wird reichlich Platz benötigt und das sollte sich von selbst verstehen, dass ein Paar noch mehr Platz haben muss. Ideal ist eine Voliere oder ein Vogelzimmer. Wir haben auch überlegt, ob wir eine Voliere in unserem Garten errichten sollten, sind aber davon abgekommen, weil wir den Ara bei uns als Familienmitglied haben möchten.

Die durchschnittliche Größe und Körperlänge der Ara-Papageien liegt bei ca. 90 cm. Beachtlich ist auch die Flügelspannweite von 90 bis 115 Zentimetern. Ein sehr großer Käfig ist demnach die Folge und sollte immer möglich sein. Der Platz muss vorhanden und die Geldbörse soll immer gefüllt sein. Die Anschaffung dieser Vögel darf nicht unterschätzt werden, denn nicht nur der Preis für einen Ara wird im vierstelligen Bereich liegen. Ein großer und stabiler Käfig und das Spielzeug und die Inneneinrichtung, wie Klettermöglichkeiten und andere Utensilien, belasten den Etat zusätzlich. Ein Kleinwagen der mittleren Preisklasse könnte locker für diese Papageienhaltung angeschafft werden. Die Freude und der Spaßfaktor sind aber bei der Ara-Haltung um ein Vielfaches größer. Die Arbeit und die Nervenbelastung, die besonders am Anfang abverlangt wird, auch.

Ich möchte aber keinen negativen Eindruck über einen Papageien – besonders der Haltung eines Aras – abgeben oder sogar davon abraten, solche Vögel zu halten. Ich bitte nur darum, die Entscheidung über eine Anschaffung dieser Exoten nicht leichtfertig zu treffen. Es ist eine lebenslange Partnerschaft zwischen Mensch und Tier. Sehr oft landen die Papageien im Tierheim oder, schlimmer noch, werden einfach freigelassen. Was für Tierfeinde müssen das sein, die so etwas machen? Diese Exoten gehören einfach nicht in unsere Flora und Fauna und sterben qualvoll. Aber es gibt leider hirnlose Zeitgenossen ohne Sinn und Verstand.

Kapitel 1: Hallo, ich heiße Paul

Ich bin ein Gelbbrustara und kann das Buch über meine Erlebnisse natürlich nicht selbst schreiben, deshalb habe ich mir einen Ghostwriter mit dem Namen Mike, also einen Menschen, zugelegt, der für mich dieses Buch schreibt. Ich hoffe, dass meine Gedanken und Erlebnisse auch richtig wiedergegeben werden. Lesen kann ich das aber nicht.

Moin.

So sagt man das im hohen Norden als Begrüßung, wo ich mit meinen Pflegern, Patty, der Mama, und Mike, dem Papa, lebe. Das habe ich schon gelernt und ich höre dieses Wort immer wieder, so ganz nebenbei. Eigentlich kommen wir, die Ara, denn so heißen wir hübschen Papageien, aus dem Urwald in Brasilien, Mexiko und aus dem Amazonasgebiet. Ich bin ein Gelbbrustara und ein paar meiner Artgenossen wohnen auch in den Anden, dem Hochgebirge in Südamerika. Dort aber ist es mir zu kalt. Ganz schön weit weg, oder? Ich bin die Strecke von dort nicht hierher geflogen, obwohl ich sehr weit mit meinen großen Flügeln fliegen könnte. Ich bin in einem Zoo geboren, dann in eine Papageienfarm abgegeben worden, um ein gutes Zuhause zu finden. Von dort wurde ich von meinen ersten Pflegeeltern über einen Vermittler abgeholt. Im Zoo und in der Papageienfarm war es wesentlich schöner als bei meinen ersten Pflegern und Eigentümern. Mein Käfig, in dem ich nur allein sitzen musste, war klein, dreckig … die Hölle.

Mein Name ist nun Paul. So werde ich immer gerufen und angesprochen. Erst hat mich das nicht interessiert und ich dachte bei mir, was und wer ist das denn? Noch ein seltsamer Laut und ein Ton? Aber sobald ich auf dieses Geräusch reagiert habe, dann gab es ein Leckerli. Nun weiß ich auch, dass meine Mama und der Papa diese Geräusche „WÖRTER“ und „NAMEN“ nennen. Jedes Mal, wenn ich auf Paul munter gekrächzt und meinen Kopf zu meinen Pflegern gewendet habe, dann wurde ich gekrault. Mmmmhh, das tut so gut. Meine Mama und der Papa haben sich gefreut. Aber nur, wenn ich es will, dann höre ich auch. Ich bin zwei Jahre alt und ein Hahn … also ein Mann.

Zuerst war ich in einem kleinen Käfig, bei seltsamen Leuten. Keiner hat mit mir gesprochen, und in dem Zimmer, wo mein Käfig stand, lief den ganzen Tag diese blöde schwarze Kiste in der Zimmerecke, Fernsehen genannt. Wie gesagt, die Menschen glotzten nur in diese Kiste und redeten kaum. Auch wenn es dunkel war und ich mal schlafen wollte, nur Lärm und Unruhe. Dort waren auch drei sehr kleine Menschen in der Wohnung. Kinder wurden diese Zwerge gerufen. Ich mochte die Zwerge nicht, denn sie spritzten mich immer mit Wasser voll, ärgerten mich mit einem Stock, den sie in meinen Käfig steckten, und fraßen aus meinem Futternapf meine Nüsse und das alte vergammelte Obst. Ganz großartig, so dachte ich. So soll mein Leben verlaufen? Na, da hau ich doch gleich ab, sobald ich die Gelegenheit dazu habe. Ich konnte aus dem Fenster schauen. Manchmal ist ein Vogel, viel kleiner als ich, vorbeigeflogen. So frei möchte ich auch sein. Nur raus aus dem Irrenhaus und fliegen kann ich auch. Bisher hatte ich aber keine Gelegenheit dazu. Vögel müssen aber fliegen dürfen.

Weil mir sehr langweilig war und ich auch keine Beschäftigung und Spielzeug nur für mich hatte, schrie ich aus Spaß einfach herum. Lange, laut und ausdauernd. Das kann ich sehr gut. An meinen großen und spitzen Schnabel hat sich keiner rangetraut, denn ich kann damit sehr gut und schmerzhaft zubeißen. Sehr oft musste ich das tun, obwohl wir Aras nur im Notfall oder im Übermut zubeißen. Auch die Schimpfereien dieser komischen Leute waren mir völlig egal, denn verstehen konnte ich natürlich nichts. Ich wusste aber, was diese Menschen auf die berühmte Palme gebracht hat. Wenn Papageien immer schreien, dann hat das auch einen Grund. Es fehlt der Partner, die Beschäftigung, sie fühlen ein generelles Unwohlsein oder haben schlimmstenfalls eine Krankheit. Wie beim Menschen, aber die Menschen können sagen, wo und was schmerzt und fehlt. Wir Papageien nicht. Also nur schreien … immer. Ich glaube, dass mein damaliger Name Sisal war. Denn dieser Name wurde immer genannt, wenn meine Pfleger an meinen Käfig kamen, selten, aber ab und zu einmal. Blöder Name, den ich mir nicht merken konnte und schon gar nicht nachsprechen. Ich hatte es versucht, aber ich kann kein „S“ sprechen. Also nur ein „ial“. Wie doof klingt das denn? Der Name, den ich bisher hatte, passt auch nicht zu mir. Wer hat sich diesen Namen nur ausgedacht? Klingt so ähnlich wie das Schreien eines grauen Vierbeiners mit langen Ohren.

Ach, nur mal nebenbei, das bin ich, der Paul. Ich sitze im Garten bei Patty und Mike, meinen neuen und jetzigen Pflegern. Wie gesagt, ich werde sehr bald drei Jahre alt und bin noch nicht ausgewachsen. Nun komme ich in das Flegelalter, Pubertät genannt. Ja, wir Papageien durchleben auch diese Phase. Ich wünsche meinen Pflegern viel Spaß.

Bin ich nicht ein hübsches Kerlchen?

Ich bin, wie schon erwähnt, ein Gelbbrustara, das sieht man jetzt nicht, weil das Foto etwas unvorteilhaft ist. Vielleicht zeige ich mich später in meiner vollen Schönheit nochmal. Ich bin auch noch nicht voll ausgewachsen, der Schnabel, Kopf und die Flügel werden noch etwas größer. Auf das blaue Seil an meinem Fuß unten im Bild komme ich später noch. Das hat einen besonderen Grund, warum meine Pfleger dieses störende Ding an meinem Ring befestigt haben. Es stört mich, aber es schmerzt nicht. Es gibt auch Papageienhalter, die ihren Lieblingen ein Geschirr anlegen, damit sie nicht wegfliegen können. Dies erfordert aber sehr viel Übung, so ein Geschirr anzulegen. Eine üble Art ist es, die Flügel zu stutzen. Ich nenne dies Tierquälerei! Das ist so, als wenn bei Menschen ein Bein gekürzt wird. Vögel müssen und wollen fliegen, aber wir, die Papageien, können nicht frei herumfliegen und das ist auch als fremde Art verboten. Es wäre auch ein sehr teures Freiflugvergnügen für die Papageienhalter. Einmal von den Sorgen um die farbenprächtigen Lieblinge abgesehen. Die umherstreunenden Katzen werden uns Papageien, besonders uns Aras, keine großen Probleme bereiten denn mit unserem großen, kräftigen und spitzen Schnabel können wir uns sehr gut verteidigen. Nicht zu vergessen die vier scharfen, spitzen und kräftigen Krallen. Probleme kann es geben, wenn ein Raubvogel uns aus der Luft angreifen würde. Deswegen bleiben

wir lieber in Sicherheit der Menschen, unseren so hoffentlich guten und fürsorglichen Pflegern.
Es ist auch schon vorgekommen, dass Papageien, seltener wir Aras, aus den Volieren diverser Züchter und Halter gestohlen wurden. Oder viel schlimmer ist es, wenn militante und fanatische Tierschützer die Vögel unbedachterweise einfach freilassen. Das ist immer das Todesurteil vieler Zuchtvögel. Ein Leben in der sogenannten Freiheit kennen diese Tiere nicht. Dies gilt auch für andere Gattungen, die in der Obhut von Menschen aufgewachsen und gepflegt wurden. Also immer das Hirn, soweit vorhanden, einschalten. Tierliebe ist sehr gut, kann aber tödlich sein..

Nein, eingebildet bin ich nicht. Aber ich bin nun mal ein stolzer Hahn. Und irgendwann mache ich mich auf die Suche nach einer schönen Henne … nein, kein Huhn, sondern ein Ara-Mädchen. Dann werde ich eine Familie gründen. Wie genau das funktioniert, weiß ich noch nicht, aber die Natur wird es schon einrichten. Ich muss meinen neuen „Eltern" unbedingt diesen Wunsch mitteilen. Aber zuerst brauche ich einen neuen Käfig, damit zuerst ich und dann meine Ara-Frau unsere Flügel so richtig ausstrecken können. Meine derzeitige Unterkunft ist Tierquälerei und vielleicht für zwei kleine Wellensittiche gut. So, Schluss mit der Jammerei, denn ich werde das schon ändern …

muss nur laut genug krächzen und schreien, das hilft immer.

Auch meine Futterschalen sollten erneuert werden, denn diese alten Plastikschalen sind doch unhygienisch. Es müssen Metallschalen sein, die gut zu reinigen sind. Sonst beiße ich alles kaputt und dann werden wir mal sehen.

Ich bin erst zwei Jahre alt und werde bald drei Jahre. So langsam komme ich in die Pubertät.. Ja, wir Papageien, besonders die Aras, kommen, wie die Menschen auch, ab einem bestimmten Alter in die Entwicklungsphase, die Pubertät genannt wird. Und wer Kinder hat, der weiß, wovon ich spreche. Alles halb so wild und diese nicht ganz einfache Zeit geht auch vorbei. Ich muss nun mal meine Grenzen ausloten und sehen, wie weit ich gehen kann, bevor es Ärger gibt. Langsam, ganz langsam und vorsichtig taste ich mich an die Belastungsgrenze meiner Pflegeeltern heran.

Anmerkung des Autors: Geduld und einfach weggehen, weil wir Menschen das können oder einfach Tür zu. Das hilft. Ich schreibe manchmal einfach was dazu, ohne dass Paul es merkt. Dies ist meine kleine Rache.

Dort, wo meine ersten Pflegeeltern lebten, stank es fürchterlich. Auch mein Zuhause, der Käfig, wurde nie sauber gemacht. Ich kann doch nicht auf den Ort, den die Menschen Klo oder, vornehmer, die Toilette, nennen, gehen. Ich hatte es einmal gesehen. Da würde ich doch reinfallen, und schwupps, ist der Ara weg. Nur ein wenig Zeitungspapier lag unten im Käfig. Wenn diese gemeinen Kinder das Wasser in meinen Käfig und auf mich spritzten, da war alles nass und stank ebenfalls fürchterlich. Die Menschen hatten auch immer so seltsame Glimmstängel in ihrem Mund. Viel Rauch kam heraus und in der Wohnung konnte man durch diesen ganzen Nebel nichts erkennen. Manchmal hatte ich Panik. Also schrie und krächzte ich, um mich bemerkbar zu machen, damit ich Aufmerksamkeit und etwas frische Luft bekomme. Alles umsonst. Ich war todunglücklich und so begann ich, meine Brustfedern herauszureißen und meinen langen Schwanz zu zerbeißen. Ich habe einen starken und großen Schnabel. Auch wenn ich meine mittlerweile großen Flügel einmal richtig ausspannen wollte, so stieß ich an den viel zu engen Käfig. Raus aus meinem Gefängnis durfte ich niemals.

Warum nur hatte ich keinen Partner? Wir Papageien sind doch Gesellschaftsvögel und leben normalerweise in sehr großen Schwärmen. Ich aber war allein. Traurig und schon etwas gestört in meinem Verhalten konnte ich diesen Menschen nur durch ständiges lautes Schreien meinen Unmut mitteilen. Es interessierte aber niemanden und ich glaube, sie wussten nicht so recht, was sie mit mir anfangen sollten. Ist das nun immer so? Wir können sehr alt werden ... aber ich mit Sicherheit nicht.

Sisal. Ich hasste diesen Namen. Ich denke, dass meine damaligen Pfleger, wenn überhaupt die so zu nennen waren, sehr enttäuscht waren, weil ich keinerlei Reaktionen zeigte und auch nicht gesprochen habe. Müssen Papageien nicht sprechen können? Oder mindestens bei einer Ansprache reagieren? Nö, ich hatte keinen Bock drauf ... und ich kann sehr stur sein. Menschen sprechen auch nicht in sehr jungen Jahren und so ist es bei uns Papageien auch. Nur durch stetige Ansprache lernen wir die Sätze und Wörter. Meine kleine, aber feine Rache. Kreischen und schreien kann ich sehr laut und ausgiebig.

Ich bemerkte, dass zwischen dem Mann, ich erkannte ihn an seinem Gestrüpp in seinem Gesicht, und seinem Weibchen, sehr oft wegen mir eine gewisse Unruhe war. Sie zeigte auf mich und drehte sich ab. Ich wurde auch von ihr nicht mehr beachtet, gefüttert und mein Zuhause wurde nicht mehr gereinigt. Ich hörte immer die Wörter „weg" und „Verkauf". Dazu muss ich sagen, dass ich inzwischen sehr viele Wörter kennengelernt habe.

Ich kann alles sehr gut hören und merken, nur nachsprechen noch nicht. Das wird aber mit Sicherheit irgendwann kommen. Diese schwarze Kiste in der Zimmerecke lief den ganzen Tag und sehr viele Wörter quollen heraus. Ich habe ein sehr gutes Gehör. Richtig verstanden habe ich nichts und ich wusste auch nicht, was das denn alles zu bedeuten hat. Aber mir egal. Mir war es wichtig, dass mein Fressnapf voll war, ich Wasser hatte und die kleinen Spinner, die da rumliefen, mir nicht alles wegfressen. Ich war aber schneller und wenn einer dieser Teppichbodenratten auf meinen Käfig zukam, dann stürzte ich mich laut schreiend auf meinen Fressnapf. Ich merkte, dass diese Feiglinge sich dann sofort, auch schreiend, vom Acker machten. Und tschüss. Dann hatte ich Ruhe. Beim Essen hört die Freundschaft nämlich auf. Ich habe immer die gleiche Mahlzeit bekommen, kleine Körner und niemals frisches Obst. Ja, wissen die Menschen hier nicht, was wir großen Aras an Futter und Nährstoffen zum Wachsen und gesund und fit Bleiben brauchen? Es gibt doch ausreichende Lektüre darüber. Papageien, besonders Aras, fressen alles, was gereicht wird und das kann uns schönen Vögeln auch zum Verhängnis werden. Wir sind sehr empfindlich, denn woher sollen wir wissen, was gut und sehr schädlich für uns ist? Deshalb sind wir in der Obhut der Menschen, unseren Pflegern auf ausreichende Kenntnisse angewiesen. Wie der Name schon sagt: Pfleger kommt von pflegen. Aber artgerecht.

Kapitel 2: Die neuen Pfleger

Nach einer gewissen Zeit kamen meine derzeitigen Pfleger, Patty und Mike, an meinen Käfig. Ich nenne die beiden mal so, obwohl wir uns noch nicht vorgestellt wurden. Kommt vielleicht noch. Was ist? Können die nicht „Hallo“ sagen? Oder mich zumindest ansprechen? Stumm und ohne Regung starrten die beiden mich nur an. Nun musste ich mal den Anfang machen. Ich krächzte und schrie aus vollem Hals. Das war wohl etwas zu viel, denn das Weibchen, welches Patty genannt wurde, ist doch etwas erschrocken. Das Männchen, Mike, drehte sich ab und schüttelte mit seinem Kopf. Was denn? Was denn? Ich bin ein stolzer Ara-Mann. Langsam, ganz langsam kam Patty auf mich zu und ich konnte ein „Ooooh, wie süß“ hören. Ich wusste noch nicht, was das zu bedeuten hatte, aber es klang sehr angenehm. Nur dieser Mike runzelte seine kahle Stirn. Wieso hatte der keine Haare, wie das Zeug auf den Köpfen der Menschen genannt wurde? Hatte er Kummer und hatte er sich das Fell … nein, die Haare, rausgerissen? Er war doch nicht, wie ich, allein eingesperrt, er hatte einen Partner. Egal, denn das war nicht mein Problem.

Ich zeigte mich von meiner schönsten Seite und war anständig. Die Menschen redeten viel miteinander und dann endlich setzten sie sich hin.

Papierkram wurde erledigt, das kenne ich schon, denn ich hatte dies alles im Fernsehen gesehen. Die Menschen machen ohne diese Zettelwirtschaft nichts. Viele lustige kleine und bunte Scheine wurden übergeben, dann schüttelten sie sich die Hände und endlich hörte ich ein „Hallo Paul“. Wer ist Paul? Ich? Na, das gefällt mir schon besser als dieses komische „Sisal“. Mir egal und ich wusste, ich war verkauft worden.

So, zwei weitere Männer kamen in den Raum und, schwupps, wurde mein Käfig angehoben und weggetragen. Der Käfig wurde gedreht, gewendet und wieder aufgestellt, dann die Treppen heruntergetragen und raus zur Tür. Endlich einmal frische Luft. Ich konnte durchatmen. Aber kalt war es … sehr kalt. Und als ich mich umsah, lag überall weißes Zeug rum. Ich dachte bei mir, hier ist es ja genauso dreckig wie bei meinen Pflegeeltern. Schnee wurde dieses Zeug genannt. Jetzt sah ich zum ersten Mal mein neues Zuhause. Ja, was ist das denn? Ein kleines winziges Ei mit rotem Dach. Hier sollte ich mit Mike und Patty wohnen? Nee, bringt mich sofort wieder zurück. Ich dachte, ich schreie mal ganz laut, um auf mich aufmerksam zu machen. Protest musste sein.

Schon wieder wurde mein Käfig gewendet und gedreht. Mir wurde bald übel und zu allem Pech haben sie mir meinen Wassernapf und den Napf mit dem wenigen Essen aus dem Käfig gestohlen. Ja, hallo, das geht gar nicht. Denn ich war gerade dabei, mein wohlverdientes Abendessen einzunehmen. Nun war es weg. Ich mochte Mike und Patty schon jetzt nicht mehr, stahlen sie mir doch mein Abendessen.

Jetzt stopften sie mich mit meinem Käfig in dieses weiße Ei, oder hatten es zumindest versucht.

Anmerkung des Autors: Das weiße Ei ist ein Fiat 500 Cabrio

Mein Käfig, natürlich und wie kann es auch anders sein, wurde mit MIR gedreht, gewendet, aufgestellt und wieder auf die Seite gelegt, so lange, bis das alles in diesem Ei war. Mir war übel und vor lauter Aufregung hatte ich Durchfall. Patty und Mike fanden das gar nicht so lustig, denn alles platschte auf einen ihrer Sitze. Der Käfig lag auf der Seite und passte wohl nicht so ganz ins kleine weiße Ei. Irgendwie waren Mike und Patty nicht ganz so zufrieden. Sie mussten auch in dieses neue Heim, oder sollten sie vor der Tür stehen und reinschauen? Zu viele Möbel in dem neuen Zuhause. Also war Möbelrücken angesagt. Die

Sitze wurden nach vorne geschoben, und so passten die beiden hinein, mehr oder weniger. Patty war etwas kleiner als Mike und saß direkt vor oder neben mir. Aber was war das denn? Dieses arme Mädchen hatte ein rundes Teil direkt vor ihrer Nase. Ich dachte immer, dass nur ich in einem viel zu engen Haus wohne. Als ich das sah, war ich doch sehr erleichtert und zufrieden. Nur sehr kalt war es. Hatten die keine Heizung? Das geht gut los.

Ich hatte Hunger und Durst. Plötzlich ein lautes Brummen. Dieses Geräusch habe ich nur aus der Ferne gehört und nun war es direkt bei oder unter mir. Hey, was ist das denn? Alles bewegt sich nun. Sind schon seltsame Wesen, diese Menschen. In meinem alten Heim, da machte die schwarze Kiste in der Ecke den ganzen Tag nur Lärm, viel Gestank im Zimmer und keine frische Luft, vom miesen Essen ganz zu schweigen.

Als ich aus dem Fenster sah, da konnte ich erkennen, dass einige Häuser, deren Licht auf die Straße schien, an uns vorbeisausten. Das hatte ich auch schon in der schwarzen Kiste gesehen. Und kalt, sehr kalt war es und ich bin überzeugt, dass auch Patty und Mike froren, denn die beiden zitterten sehr. Warum nur machten sie das Dach nicht zu, um die Kälte draußen zu lassen? Ach so, mein Käfig war zu groß für das weiße Ei.

Immer mehr vergammelte Häuser tauchten auf und sausten an uns vorbei. Was war das nur für eine Gegend in der meine bisherigen Pfleger lebten? Hinter uns waren jede Menge Autos und drängelten, weil Patty so langsam fuhr. Es ging auch nicht schneller voran, denn ein Traktor mit seinen riesigen Reifen, fast so groß wie das kleine niedliche Ei, welches Patty und Mike ihre Knutschkugel nannten, fuhr vor uns. Diese ungeduldigen Idioten hinter uns drängelten immer mehr und machten Patty ganz nervös. Mike sagte zu ihr sie möge diese A……. überholen lassen. Dieses Wort habe ich auch nur einmal gehört, denn nach der Aufforderung von Patty durfte Mike dieses Wort in meinem Beisein nicht mehr verwenden. Ich hätte es nachplappern können. Alles sehr aufregend und so vergaß ich meinen Hunger und Durst für kurze Zeit.

Die Zeit verging sehr langsam und ich dachte so bei mir, sollte dies mein neues Zuhause sein? Mike drehte sich immer zu mir und fragte mit ruhiger Stimme: „Na, Paul, alles ok? Wir sind bald daheim.“

Aha, ich wusste nicht genau, was das zu bedeuten hatte, aber es hat mich doch sehr beruhigt und gab mir ein sehr gutes Gefühl.

Dann, plötzlich, war alles still. Nichts bewegte sich und das Brummen unter mir war auch verstummt. Ein bisschen Unruhe war bei Patty und Mike zu spüren. Ich verhielt mich still, denn irgendwas war nicht in Ordnung. Ein helles Licht. Patty sprach mit einem Mann, der sich in unser kleines weißes Ei ohne Dach beugte. Der Mann leuchtete mich an und betrachtete die ganze Sache sehr intensiv. Alle Menschen sprachen aufgeregt durcheinander. Eine zweite Person kam hinzu. Es war ein Weibchen, soweit ich das erkennen konnte. Beide Menschen hatten dieselbe Kleidung an und eine Mütze auf ihren Köpfen. Die Frau kam an unser Ei und dann redete Mike mit allen. Ich glaube, er war verärgert, denn er stieg aus, wurde aber zurückgeschickt. Und mir war kalt. Ja, hey, ich bin auch noch da. Also erstmal laut schreien. Dann war erstmal RUHE. Geht doch.

Nun waren alles Augen wieder auf mich und meinen Käfig gerichtet. Ich weiß nicht, ob es meine Schuld und mein vorlauter Schnabel war, der die nachfolgende Unruhe verursacht hatte. Jedenfalls dauerte alles sehr lange und dann wurde mein Käfig, natürlich mit mir, immer wieder gedreht, gewendet und aus dem Ei oder der Knutschkugel geholt. Draußen war es dunkel und bitter kalt. Ich muss kurz anmerken, dass ich sehr gute Ohren habe. Natürlich nicht diese Lappen an der Seite. Aber ich höre sehr gut. Und weil den ganzen Tag aus diesem Fernseher viele Worte kamen, habe ich mir alles gemerkt. Auch bei Gesprächen der Menschen habe ich gelauscht und alles aufmerksam verfolgt. Irgendwann versuche ich, die mal nachzuplappern. Wenn ich Lust dazu habe.

So, nun habe ich gehört, dass diese zwei fremden Leute sich Polizisten nennen. Waren das Freunde und Besucher, um mich als neues Familienmitglied zu bestaunen und willkommen zu heißen? Super, nett. Also erstmal wieder laut schreien … lange und ausgiebig. Die Wirkung war genauso, wie ich erhofft hatte. Alle sprachen mit mir. Ich konnte nur sehen, wie Patty und Mike wieder verschiedene Papiere mit den netten Freunden austauschten. Auch diese hübschen bunten Scheine sollten übergeben werden. Die Polizisten nahmen es nicht an. Nur einen Zettel bekam Patty.

Nach einer Weile kam ein großes Auto angefahren, nein, Transporter wird das wohl genannt. Mein Käfig wurde wieder unter der Hilfe von allen Menschen in den Transporter gestellt. Dieses Mal ohne die Schimpfereien der Männer wie beim ersten Mal. Besonders Mike hielt sich zurück. Herumgewirbelt wurde ich trotzdem. Schön groß und mit einem Dach. Aber wo waren Patty und Mike? Die beiden durften nicht mit mir fahren und so hatte ich ein bisschen Angst, so ganz alleine und wieder in einer neuen mir fremden Umgebung. Besser als in der kleinen, engen, weißen Kugel.

Dann wurde es dunkel und ein lautes Brummen ertönte wieder unter mir. Dann endloses Geschaukel und ein wenig fühlte ich mich einsam. Dann endlich war wieder Licht und da waren auch Patty und Mike. Voller Freude, denn die beiden kamen sofort auf mich zu und riefen: „Paul“ … „Hallo“… und „Willkommen zuhause“. Ich wurde mit meinem kleinen Käfig wieder herumgetragen, aber jetzt in eine warme Bude, sehr groß mit viel Platz, und es stank auch nicht wie in meinem alten Zuhause. Endlich wurde auch mein Napf mit allen leckeren Früchten, Nüssen und anderem Zeug, welches ich noch nie gesehen hatte, befüllt. Auch Wasser wurde mir gegeben. Das war endlich mal frisch und nicht so eine abgestandene Brühe. Das gefällt mir, und hier bleibe ich. Patty und Mike standen mit großen Augen an meinem Käfig und gaben seltsame Laute von sich. Mein Name war nun Paul und zu der großen Freude von Patty und Mike versuchte ich sofort dieses Wort nachzusprechen. „PAUL …PAUL“, kam es auch sehr deutlich aus meinem großen schwarzen Schnabel. Die Freude war bei allen sehr groß und ich bekam auch sofort etwas Leckeres gereicht. Aha, so funktioniert das also. Ich musste nur ein bestimmtes Wort krächzen und schon wurde ich gefüttert.

Dann war mein Käfig dran. Das blöde stinkende Papier wurde entfernt und kleine Holzspäne eingestreut. Großartig. Jetzt konnte ich ein bisschen knabbern und sehr gut laufen. Auch meine Einrichtung wurde neu gemacht. Viele Klettermöglichkeiten und Spielzeug hatte ich zum Zeitvertreib. Meine neuen Pfleger hatten auch einen Baum in ihrem Haus. Viele Lichter und bunte Kugeln waren drauf. Das würde ich mir mal genauer ansehen, sobald ich hier mal rauskam. Das konnte ich kaum erwarten.

Endlich Ruhe und ich konnte mich auch erholen, denn der Stress war nicht gut. Erstmal schlafen.

Nach einer ruhigen Nacht, ohne die lärmende schwarze Kiste und die kleinen Kinder durfte ich auch zum ersten Mal aus meinem kleinen Käfig. Flügel ausstrecken, lang und breit. Jetzt probierte ich meinen ersten Flug. Bisher war es unmöglich und jetzt würde ich das mal probieren. Ich hoffte, dass ich nicht gleich auf den Boden knallen oder an die Möbel klatschen würde. Luft holen und ab geht's … juhu, das hatte funktioniert. Es war viel Platz und ich konnte mich so richtig austoben.

Mein erster Flug war sehr anstrengend. Patty und Mike, meine Pfleger standen staunend in der Gegend rum. So, nun landen. Eine große grüne Pflanze war der ideale Platz dafür. Nach meinem ersten Freiflug hatte ich Hunger und ich dachte, etwas Grünes oder vielleicht sogar diese schöne rote Blüte wäre gerade richtig. Ein Biss und schon hatte ich das Teil im Schnabel. Nun erstmal alles zerkleinern. Schmeckt lecker, also noch eine. Patty stürmte auf mich zu, und ich glaube sie war etwas böse mit mir. Mein Landeplatz hatte den seltsamen Namen Orchidee. Das sagte mir nichts, nur etwas wackelig war mein Landeplatz. Egal, ich flog erstmal weiter, auf den schönen großen Baum mit den hübschen bunten Kugeln. Die probiere ich auch mal. Hart war das große, runde und rote Teil. Also reinhacken, denn mein großer Schnabel bekommt alles klein und kaputt. Schmeckt nicht, also die goldene Kugel mal probieren. Diese war aber weiter oben am Baum. Nach einer Kletterpartie, bei der ein paar andere bunte Kugeln vom Baum fielen, erreichte ich unter dem lauten Geschrei von Mike und Patty die Kugel und endlich auch die Baumspitze.

So, erstmal einen großen Haufen absetzen, denn die viele Fresserei verursachte mir ein gewisses Völlegefühl. Platsch. Die Hälfte auf den Baum, die andere Hälfte auf den schönen bunten Teppich. War doch in Ordnung, denn das ist genauso wie in meinem Käfig. Was denn … was denn?

Patty und Mike kamen wild mit ihren Armen rudernd auf mich zu. Also erstmal weg hier. Dabei ist aber dieser Baum mit den bunten Kugeln umgefallen. Upps, tut mir leid, denn er fiel genau in oder auf diesen großen Wasserbehälter mit den schönen Fischen. So etwas hatte ich schon im Fernsehen gesehen, nur aus diesem Wasserbecken in meinem neuen Zuhause tropfte jetzt etwas Wasser heraus. Wenig, aber es tropfte. Nicht nur aus dem Becken mit den vielen Fischen kam nun das Wasser geflossen, sondern auch unten aus dem Gefäß, in dem der Baum stand.

Es gab weiteres Geschrei und ich dachte bei mir, erstmal wieder wegfliegen. Aha ein Tisch mit einem Glas voller leckerer Nüsse, ich glaube, es waren Pistazien. Wie komme ich da mal ran? Nur von oben und dafür musste ich auf den Rand fliegen. Wieder … upps … alles umgefallen. Glas kaputt und die leckeren Nüsse am Fußboden verstreut. Diese Nüsse würde ich mir später holen, denn im Moment war es das Beste für mich, erstmal zu flüchten.

Nun kam Mike aber angeschossen. Nix wie weg hier, denn ich war und bin sehr flink und kann fliiiiieeeegen. Neuer Landeplatz: die Wohnzimmertür. Von hier aus hatte ich einen schönen Blick über das Chaos. Patty und Mike rannten mit Lappen und Eimern im Zimmer herum. Mir war langweilig und ich suchte mir neues Spielzeug. Am Holz knabbern ist schön, aber wird irgendwann auch langweilig.

Aha, was ist das? Im Türrahmen war ein Gummiband. Weich und lecker, sehr leicht herauszuziehen und leicht zu zerbeißen. Dieses blöde Gummiteil hatte sich selbstständig gemacht und war bis auf den Fußboden aus dem Türrahmen gekommen. Nun war Mike, mein Pfleger, sehr böse, so hatte ich den Eindruck.

Das Wohnzimmer war sauber und aufgeräumt als ich gestern hier angekommen war. Nun aber sah alles ein bisschen anders aus. Ich hatte es wohnlicher und für mich gemütlicher gemacht. Patty und Mike haben es aber anders gesehen. Patty weinte.

So, wieder erstmal weiterfliegen. Mal sehen, was es da draußen in den anderen Räumen so gibt. Aha, sieht aus wie eine Küche. Also hinein. Interessante Dinge zum Spielen und Reinbeißen sind hier. Lecker, Obst und Früchte.. Na, da werde ich mich gleich mal ranmachen, denn ich habe großen Hunger, wie immer. Was ist das denn? In dieses komische runde Ding geht nicht reinzubeißen. Viele von diesen Teilen lagen in einer offenen Schachtel. Also probiere ich mal die anderen. Geht auch nicht. Jetzt wollen wir mal sehen, wer der Stärkere ist. Also weg mit der ganzen Schachtel auf den Fußboden. Herrlich, denn nun sind einige von den komischen Dingern endlich aufgegangen. Aber iiiiiiihh. Schlabbermasse kommt da raus, weiß und gelb.. Das probiere ich erstmal. Es war glitschig an meinen Füßen und irgendwie schleimig und geschmeckt hat das Zeug auch nicht besonders gut. Ich wollte wieder nur wegtrippeln, aber dieses schleimige Zeug hing an meinen großen Zehen wie die Pest. Also wegfliegen. Ein schöner weißer Stuhl war mein neuer Landeplatz.

So, jetzt erst einmal ausruhen, denn es war doch alles sehr anstrengend und ich war müde von den bisherigen Erlebnissen. Aber nix war's mit Päuschen, denn Mike und Patty kamen in die Küche gestürmt und wieder wurde ich ausgeschimpft. Ich verstand nicht, was ich falsch gemacht hatte, eigentlich nichts. Menschen haben aber immer eine andere Meinung. Gut, ich muss zugeben, dass dieser gelbe Schleim an meinen Füßen nicht nur mich genervt hat, sondern auch an dem weißen Küchenstuhl klebte. Ich denke, ich gehe wieder nach Hause in meinen kleinen Käfig, denn dort habe ich Ruhe und kann schlafen. Morgen ist auch noch ein Tag für weitere Erkundungen.

Patty hat mir ihren Arm gereicht und dort bin ich auch sofort raufgeklettert. Mike hatte ich nicht so richtig vertraut, denn sein böser Blick und die lauten Worte waren mir unheimlich. Bisher war der Abend sehr unruhig, es lief nicht dieser nervige Fernseher wie bei den anderen Pflegern, aber diese Putzerei und Möbelschieberei hat mich gestört. Auch mein Käfig wurde immer wieder herumgeschoben. Ach so, der bunte Baum war in das Aquarium gefallen. Deswegen das ganze Wasser, aber es war doch nur Wasser und der Fußboden konnte auch gleich gereinigt werden …, wenn nur der ganze Sand nicht gewesen wäre. Feiner weißer Sand überall. Die Frontscheibe war geplatzt, das hatte ich nicht gesehen. Auch die hübschen Fische zappelten zum Teil im Becken und zum Teil auf dem Fußboden lustig herum.

Mensch, Mike. Nun komm doch mal und kümmere dich um die zappelnden Fische und gib sie wieder ins Wasser. Gut, das Becken war kaputt, aber meinen Pflegeeltern würde schon etwas einfallen. Übrigens, Fisch mag ich auch. Soll sehr gesund sein.

Wo ist der Käfig? Einfach weg. Er stand nicht mehr an dem Ort, wo ich das hässliche und viel zu enge Teil gesehen hatte. Wo soll ich denn schlafen? Na gut, ich saß noch auf dem Arm meiner neuen Mama, der Patty. Die Menschen müssen auch mal schlafen, dann gehe ich mit Patty ins Bett. Das aber konnte ich vergessen, denn Mike war strikt dagegen. Das Haus, in dem wir wohnen, hat einen sehr großen und geräumigen Keller. Richtig vogelfreundlich und genau richtig zum Herumfliegen. Aber Mike hat den Käfig nur saubergemacht und so musste ich wieder in den kleinen engen Käfig. Zum Schlafen geht das.

Am nächsten Tag, früh am Morgen, hatte ich erst einmal Hunger, denn ich bin noch im Wachstum. Niemand da. So, nun kreischen, damit alle wissen, dass ich wach bin und mein Frühstück will. Jetzt. Sofort kamen Patty und Mike ins Zimmer und gaben mir Wasser und leckeres Frühstück. Obst, Nüsse und sogar ein hart gekochtes Ei war in meinem neuen großen Napf. Dann wurde mein Käfig wieder gereinigt. Na, das ist doch viel schöner als bei meinen anderen Pflegeeltern. Ich habe einen Platz an einem sehr großen Fenster und kann so in den Garten mit Bäumen schauen. Diese Bäume sehen aber ganz anders aus als dieser blöde bunte Baum, der im Zimmer stand und umgefallen ist. Diese Bäume werde ich mir auch einmal genauer ansehen, sobald ich die Gelegenheit habe. Nur etwas kahl waren die Dinger.

Patty kam mit einem lauten Gerät ins Zimmer. Dieses unheimliche Teil in ihrer Hand machte einen Höllenlärm. Sie fuhr mit diesem Gerät über den Fußboden, unter meinen Käfig, davor und dann im ganzen Zimmer herum. Ich schrie vor Angst und schimpfte aus vollem Hals. Nun kam auch Mike. Er versuchte mich zu beruhigen und sprach mit mir. Ich habe nichts verstanden, aber ich lerne noch und irgendwann kann ich alles richtig verstehen.

Als Patty fertig war, durfte ich wieder aus meinem engen Käfig. So, erstmal Flügel ausstrecken und dann fliegen. Das Zimmer, das jetzt wieder sauber, trocken und aufgeräumt war, gab mir die Möglichkeit, viele Landplätze anzufliegen. Eine große Sitzgarnitur stand im Zimmer und die sah wirklich bequem aus. Also landen und probieren … nun habe ich mit meinem großen spitzen Schnabel in die Möbel gebissen. Aha, weich und lecker. Ich weiß nun, dass es Leder ist. Und schon wieder hat mich Mike böse angesehen und ausgeschimpft. So langsam geht der mir mit seiner ewigen Schimpferei auf den Nerv. Vielleicht sollte ich den Mike mit meinem Schnabel bearbeiten. Gesagt getan. Ich flog auf seinen Arm und biss erst einmal kräftig zu. Rote Flüssigkeit kam aus seinem Arm und ein lauter Schrei folgte … fast so laut wie mein Geschrei. Dann Ruhe.

Der Tag war nach dieser Aktion für mich gelaufen und ich hatte Hausarrest. Nur noch mein Abendessen, dann schlafen ohne Streicheleinheiten. Muss ich mir merken, dass ich nicht beißen darf. Wieder etwas dazugelernt.

Am nächsten Morgen war niemand da und ich war ganz allein. Wo waren die alle? Kein Laut war zu hören, denn sonst kamen meine Eltern ins

Zimmer, gaben mir frisches Wasser und Futter. Jetzt aber war niemand zu sehen und absolute Stille. Gut dann dekoriere ich meinen kleinen Käfig um. Zuerst muss der Wassernapf raus, denn der stört mich dort in der Ecke. Nur kurz mit meinem Schnabel anheben und, zack, war der Napf aus der Halterung. Das ganze Wasser war im Käfig und die andere Hälfte schon wieder auf dem Zimmerfußboden. Ups, das wird Ärger geben. Nun war mein Futternapf dran. Auch den habe ich aus der Halterung mit meinem Schnabel gehoben und dabei ist mir die Schale aus dem Schnabel gefallen. Alles lag verstreut im Käfig und auf dem Fußboden. Was für eine Sauerei. Nun glaube ich, dass ich es etwas übertrieben habe … wieder war Ärger angesagt.

So ging dieser Tag ohne weitere Zwischenfälle vorbei.

Am nächsten Tag kam Mike mit einem langen Stock an meinen Käfig. Oje, schon wieder. Aber nun fing er an zusammen mit Patty irgendwas auszumessen. Länge, Breite und die Höhe wurden gemessen. Dann besprachen die beiden etwas und gingen zufrieden weg.

Nach einer gewissen Zeit war wieder mein Freiflug. Ich saß auf dem Arm von Mike und dann ging es die Treppen hinunter. Ein sehr großer dunkler Raum war zu sehen, dann endlich Licht.

Ja, Wahnsinn. Voller Freude flog ich los, drehte ein paar Runden und setzte mich wieder hin. Völlig erschöpft und aus der Puste, schaute ich mich um. Auf einem Tisch standen Gläser, bunte, kleine und große und genau dort wollte ich hin. Muss ich mir ansehen. Patty ahnte schon, was ich vorhatte und stürmte vor, um mich abzuhalten. Dabei stolperte sie über einen Teppich und knallte auf den Tisch. Dabei sind viele Gläser umgefallen oder vom Tisch klirrend auf dem Fußboden zerschellt. Lärm, Gepolter und Klirren. Dann kam Mike in den Raum. ICH WAR ES DIESMAL NICHT.

Eines Tages wurde mein neuer größerer Käfig angeliefert. Zuerst musste dieser hübsche Käfig zusammengebaut werden. Ich habe mir das ganze Spektakel angesehen und muss sagen, dass ich berechtigte Zweifel hatte, ob das Teil jemals fertig wird. Nach endlosen Stunden schrauben, stecken, fluchen von Mike und basteln stand er da. Der Käfig hatte sogar eine Dachterrasse mit Sitzstange und Knabberholz für mich. Der neue Käfig war sehr gut ausgestattet. Ich muss schon sagen, da haben meine Pflegeeltern schon mächtig in die Tasche gegriffen. Gleich wollte ich einziehen. Ich bin selbst hingeflogen, bin doch ein Ara. Nur wo war denn der Eingang? Ich bemerkte, wie Mike und Patty hektisch um den Käfig liefen. So, und nun? Keine Tür. Entweder hatten die zwei den Käfig falsch zusammengebaut, oder der Käfig hatte keine Tür. Wie sich herausstellte war es ein Lieferfehler, denn die Vorderseite wo die Tür sein sollte, war nicht da, dafür zwei gleich Rückseiten … ohne Tür. Ja, werden jetzt manche sagen, dass muss doch auffallen. Aber die Freude und Ungeduld von uns allen über den neuen Käfig war sehr groß. Und mit einem schreienden und kreischenden Papagei im Nacken, da ist es schwer, sich zu konzentrieren und die Bauanleitung zu lesen. Zumal dieser Papagei, in dem Fall ich, diese Anleitung zuerst „gelesen" hatte. Ein kleines Teil lag in der Küche, ein Stück im Wohnzimmer, auch irgendwo, und der Rest … keine Ahnung.

Ich musste mich auch in der Küche beschäftigen, weil Patty und Mike keine Zeit hatten, mit mir zu spielen. So habe ich mir selbst geholfen. Eine schöne große bunte Dose aus Metall hatte es mir angetan. So, wie bekomme ich das Ding auf? Kurz mit dem Schnabel und den Krallen bearbeiten und, schwupps, war die Dose geöffnet. Schwarzes fein gemahlenes Pulver fiel auf den Boden … igitt, das kann man nicht einmal fressen. Schmeckt widerlich. Ich flatterte durch die Küche und dieses schwarze Pulver, Kaffee genannt, wurde gleichmäßig überall verteilt.

Der Staubsauger trat zum wiederholten Mal in Aktion, gefolgt von lautem Geschrei, denn ich kann dieses laute Geräusch überhaupt nicht ertragen. So bin ich erstmal auf den Tisch geflogen, wo zwei Kaffeetassen von Mike und Patty standen. Beide sind umgefallen.

Die Aktion von mir hatte den Zusammenbau etwas erschwert und verzögert. Bei Patty und Mike hatte die Konzentration etwas nachgelassen. Also alles wieder abbauen und eine Spedition holen, um den neuen Käfig zurückzusenden.

Endloses Warten auf den neuen Käfig. Endlich wurde er geliefert und der Zusammenbau funktionierte. Auch die Tür war da und so konnte ich einziehen. Doppelt so groß wie das alte „Gefängnis“. Ich konnte mich ausstrecken, die Flügel ganz ausbreiten und auf der Dachterrasse sitzen. Großartig. Der neue Käfig war sehr stabil und so konnte ich endlich überall an den Stäben knabbern. Ich musste auch nicht nur im Käfig sitzen und auf meinen Freiflug warten, denn ich war immer ganz ordentlich und brav und blieb auf meinem neuen Heim sitzen. Von dort aus konnte ich alles genau beobachten. Wenn einmal ein „Unglück“ passierte, dann war das nicht schlimm, denn es fiel durch die Stangen in den Käfig. Und der neue Käfig war leicht zu reinigen. Ganz anders als der alte enge „Knast“ bei meinen ersten „Pflegern“… wenn man die so überhaupt nennen kann. Keine Ansprache, keine Zuneigung, keine Beschäftigung und das schlimmste war, keine Liebe. Nur eingesperrt auf der Stange dahinvegetieren. Das ist nun Vergangenheit. Ich hoffe nur, dass diese Leute keine anderen Tiere halten, denn egal, was für eine Art, die Tiere werden nicht glücklich werden.

Hier bei Mike und Patty habe ich sehr viel Unterhaltung und werde den ganzen Tag vollgequatscht, sofern die beiden nicht zur Arbeit müssen. Patty singt mir am Abend auch ein Schlaflied vor, damit jeder weiß … es ist Ruhe für alle. Ich muss natürlich noch etwas plappern aber so langsam, ganz langsam schlafe ich dann ein. Nichts kann mich stören, auch der Fernseher nicht. Wenn ich nur nicht so alleine wäre und einen Partner, am besten eine Partnerin, hätte, dann wäre alles perfekt. Patty und Mike werden das schon bemerken, denn die beiden lesen über die Haltung von Papageien, besonders der Großpapageien, sehr viel. Natürlich kann man nicht einfach in ein Tiergeschäft gehen und einen Ara kaufen. Da muss man sich schon auf die Suche machen, ob jemand züchtet oder einen Ara abgibt, warum auch immer. Natürlich muss es passen, denn es ist wie bei den Menschen auch, die Sympathie entscheidet. Es bringt nichts, wenn der Ara, der zuerst da war, einen Vogel vorgesetzt bekommt, mit dem er sich nicht verträgt. Das kann sehr heftig werden und dann müssten beide wieder getrennt werden, bevor es Verletzte oder sogar Tote gibt. Krallen und der spitze starke Schnabel sind dazu in der Lage. Wenn ich eine große Walnuss bekomme, dann ist diese schneller aufgeknackt als mit einem Nussknacker, den die Menschen benutzen. Wir sind friedfertige Vögel, aber wir können auch anders.

Als Mike und Patty einmal Freunde zu Besuch hatten, da waren wieder zwei kleine Kinder dabei. Diese frechen Gören hatten nichts Besseres zu tun, als mich zu ärgern. Sie schlugen an meinen Käfig und machten blöde Grimassen. So lange, bis Mike dem ein Ende gesetzt hat. Wenn die eigenen Eltern nichts dagegen unternehmen … Mike hat das geregelt. Er hat mich aus dem Käfig gelassen und so habe ich mich gleich auf die beiden Idioten gestürzt. Ich wollte nur auf ihren Schultern landen, so wie Papageien das nun einmal machen. Laut schreiend sind diese Waschlappen zu Mama und Papa gelaufen und wurden nie wiedergesehen. Das Lächeln und das Kopfnicken von Mike habe ich bemerkt.

So vergingen die Tage, Wochen und Monate in meinem neuen Heim. Meine Neugier und Unruhe, die ich am Anfang hatte, waren wie weggeblasen. Nichts ist mehr kaputtgegangen, denn ich wusste nun, was ich durfte und was nicht. Ich war zufrieden und so lernte ich auch einige Worte nachzuplappern, ganz zur Freude von Mike und Patty. Ich konnte meinen Namen, „Paul“, „AUA“ wie Patty und Mike das immer sagten, wenn ich sie gezwickt hatte und ich konnte jammern … lange und weinerlich. Auch ein lautes „NEIN“ kam sehr oft aus meinem Schnabel.

Nach einer gewissen Zeit bemerkten meine Pfleger, dass ich doch sehr traurig in oder auf meinem Käfig saß. Mir fehlte eine Partnerin. Kein Partner, also einen Hahn, denn das gibt nur Ärger. Zwei Männer in einem Revier, nicht gut.

Wir hatten einen großen Garten am Haus und wenn es schön und sonnig war, dann holte mich Mike auf die Terrasse. Patty war sehr nervös und hatte Angst, dass ich davonfliege. Nein, wieso sollte ich das machen? Ist doch schön hier. So vergingen wieder die Tage voller Sonne, Ruhe und Zufriedenheit. Ich musste nur zum Schlafen in meinen Käfig, oder wenn Mike und Patty auf Arbeit waren. Nur eine Sache störte mich gewaltig. Durch unseren, meinen Garten schlichen immer die räudigen vierbeinigen hässlichen Felltiere, genannt Katzen, herum. Sobald ich mich lautstark bemerkbar machte, rannten diese feigen Mistviecher davon. Blieben stehen, blickten mit ihren kalten Augen zu mir, dann wieder ein lauter Schrei und weg waren sie. Sollen nur kommen, dann werden sie mich mal kennenlernen, besser gesagt meine Krallen und meinen Schnabel. Hier wohne ich und das ist mein Zuhause.

Auch fremde Personen, die zu Patty und Mike zu Besuch kamen, wurden erst einmal angeschrien. Sicher ist sicher. Aras ersetzen die Alarmanlage im Haus. Es gab Personen, die immer wieder zu Besuch kamen. Ich erkannte die Menschen wieder und begrüßte alle freudig mit einem „Hallo“. Ich bemerkte, dass Patty und Mike sehr stolz auf ihren freundlichen und wohlerzogenen Ara waren. Ich weiß nämlich, was sich gehört. Mike und Patty sprachen sehr viel mit mir und ich versuchte alles nachzuplappern. Ich bin noch zu jung, um mehr sprechen zu können, denn normalerweise geben Papageien die Worte und ganze Sätze erst im Alter von fünf bis sechs Jahren wieder. Also immer aufpassen, was gesprochen wird. Es kommt die Zeit, wo meistens in einem sehr unpassenden Moment etwas aus dem Schnabel kommt. Wie bei kleinen Kindern auch.

Kapitel 3: Papageienparadies. Paula kommt nach Hause.

Nun war es so weit. An einem Wochenende, das wusste ich schon, weil meine Pfleger nicht zur Arbeit gingen, wurde ich in das Auto gepackt. Ich hatte ein Geschirr um meinen Bauch, nur zur Sicherung, wie Mike sagte. Wir drei in dem kleinen weißen Ei. Viele Blicke an der Ampel und auch sonst waren uns sicher. Ich muss sagen, dass ich kein großer Freund von der Autofahrerei bin, denn es ist sehr laut und ich muss dauernd aufs Klo. Kein weiterer Kommentar. Meine Pfleger hatten etwas Futter und, ganz wichtig, ein Schälchen mit Wasser dabei. So lasse ich mir einen Ausflug gefallen.

Nach einer langen und doch aufregenden Fahrt waren wir endlich am Ziel. Eine sehr nette Frau, Karin genannt, und ein Mann mit Namen Detlef begrüßten uns. Mike und Patty kannten die beiden, mir aber waren diese beiden Menschen fremd. Karin kam gleich auf mich zu und ich merkte, dass die sich mit Papageien auskannte. Sehr liebevoll hat sie mich auf den Arm genommen, und auch ich war sehr lieb und konnte mich benehmen. Kein Geschrei oder Hacken mit meinem großen schwarzen Schnabel, wie sonst bei fremden Leuten üblich, die mir zu nahe kommen wollten. Nur mal nebenbei. Fremde Tiere, egal, welche, sollten nicht immer angefasst werden. Tiere, besonders Vögel, sind Fluchttiere und müssen erst einmal Vertrauen fassen. Sie kommen von allein, wenn die Sympathie vorhanden ist. Ansonsten die Hände weg. Wie oft kommt es vor, dass die Menschen gebissen werden.

Ich saß wieder auf Pattys Schulter, mein Lieblingsplatz. Wir gingen in den großen, mit Bäumen bewachsenen Garten von Karin und Detlef. Ein Paradies für Vögel. Aber nicht nur für Vögel, denn es war ein kleiner Zoo. Hasen, Meerschweinchen und andere mir völlig unbekannte Tiere tummelten sich dort. Nun die Überraschung. Papageien … sehr viele Papageien. Alle Arten und Farben, große und kleine tummelten sich und flatterten in den Freiflugvolieren. Dort waren bunte und sehr schöne Edelpapageien, die ich noch nie gesehen hatte. Und dann Aras, jede Menge. Gelbbrust wie ich, Hellrote Aras und Dunkelrote, oder Grünflügelaras genannt. Wo bin ich denn? Im Dschungel? Lautes Geschrei, Gekrächze und einige andere Laute waren zu hören.

Anmerkung des Autors: Dieses Vogelparadies liegt im östlichen Schleswig-Holstein und ist eine private und registrierte Einrichtung. Über 300 Papageien werden dort artgerecht gehalten, ge-

züchtet, liebevoll gepflegt und vernachlässigte Papageien wieder aufgepäppelt. Der Besuch lohnt sich immer, nach Voranmeldung. Es gibt noch einen Verein im Norden Deutschlands: „Papageienfreunde Nord". In diesen Pflege - und Auffangstationen werden verwahrloste Tiere aufgenommen und versorgt. Es ist schön, dass es diese beiden Einrichtungen gibt. Der Kontakt zu beiden Papageienstationen kann hergestellt werden.

Patty und Mike waren ebenfalls ganz hin und weg. So etwas hatten wir alle drei noch nicht gesehen. Gleich wollte ich Kontakt knüpfen, aber ich war nicht in einer Voliere, sondern saß angeleint auf der Schulter von Patty. Wir gingen in das große Haus von Karin und Detlef. Auch dort standen Käfige mit etwas kleineren Papageien. Ein mittelgroßer grüner Vogel, eine Amazone mit dem Namen Mister Jones saß in seinem Käfig und sobald er uns gesehen hatte, redete er munter los. „Einmal kraulen"…"einmal kraulen" kam aus seinem Schnabel. Dabei streckte er sein Köpfchen zum Käfig hin, damit Karin ihn kraulen konnte. Wie macht er das? Wie kann er das sagen? Ich muss das auch üben, damit ich wenn auch immer ich es will, gekrault werde. Den mag ich, obwohl diese Amazone etwas kleiner als ich ist und noch viel frecher. Dann kam eine Frau mit einem Hund ins

Zimmer. So etwas hatte ich noch nie gesehen. Groß und schwarz auf 4 Pfoten. Etwas ängstlich drückte ich mich an Pattys Schulter. Ein „Wauwau“ kam aus Mister Jones kleinem Schnabel. Was soll das bedeuten, denn alle lachten. Also kreischte ich auch. So, nachdem sich alles wieder etwas beruhigt hatte, gingen wir zusammen zu einem Kasten. Es sah aus wie ein kleiner Kühlschrank. So eine Kiste, nur größer kannte ich aus unserer Küche. Karin öffnete die Kiste vorsichtig, und hervor kam eine kleine Schachtel mit einem nackten, hässlichen Etwas mit großem weißem Schnabel. Ich konnte gar nicht hinsehen. Was war das denn? Mike und Patty aber waren ganz hingerissen und wollten dieses kleine, frierende Etwas am liebsten in die Hand nehmen und wärmen. Karin aber hat die Schachtel mit Inhalt sofort wieder in die Kiste gegeben. Dann hörte ich den Satz: „Siehst du Paul, dass ist deine „Paula“, deine Freundin.“ Was?? Das Ding. Das kann ich nicht einmal essen.. Und ich hatte wieder Hunger.. Ich weiß nicht genau was die Menschen miteinander gesprochen haben. Jedenfalls war es ein sehr langes Gespräch und dann gaben sie sich die Hände und als sie sich verabschiedet hatten, fuhren wir wieder nach Hause. Ein langer aufregender Tag ging zu Ende. Kurz an den gefüllten Fressnapf, dann ein Schluck Wasser und Augen zu. Ich habe gut geschlafen und von den ganzen neuen Vögeln, die ich gesehen hatte, geträumt. Wieder vergingen die Tage. Der Tagesablauf war immer gleich. Langsam aufwachen, schreien und „Hallo“ rufen, dann gab es endlich Frühstück und frisches Wasser, dann wurde mein Käfig gereinigt und dann spielen. Mittlerweile war es Sommer geworden und so haben mich Mike oder Patty mit auf die Terrasse oder in den Garten genommen. Herrlich die Sonne und die Wärme. Ich war nicht angeleint oder im Geschirr, also völlig frei. Wegfliegen? Warum? Gereizt hat mich das schon, aber meine Pfleger hatten mich voll im Blick und sahen meine Absicht sobald ich zum Flug angesetzt habe. Wieder das nervige „Nein“. Ich bin noch jung und wir Aras sprechen in der Regel erst mit der Geschlechtsreife, mit 5 bis 6 Jahren. Normalerweise. Ich konnte schon viele Worte, aber was ich noch so erleben musste, das beschreibe ich später. Außer mir, dem Ara hatten meine Pfleger noch 2 Frettchen. Niedliche kleine freche Tierchen. Der Frettchen Rüde hatte den Namen, Bruno und das Mädchen, die Fähe wurde Mia genannt. Niemals durften wir zusammenspielen, obwohl mich das schon gereizt hatte. Mike und Patty passten auf, dass sich unsere Wege nicht kreuzen konnten. An einem schönen Sonntag lief unser Bruno durch das Zimmer und irgendwann sprang dieses Fellknäuel auf einen Stuhl und als er sah, dass das Fenster nur gekippt war, schwupps war er draußen. Als Mike und Patty den Bruno wieder in seinen Stall bringen wollten, bemerkten sie, dass er weg war. Volle Panik. Ich wusste, wie und wohin er verschwunden ist. Eine wilde Sucherei fand statt. Mike und Patty suchten im ganzen Zimmer, dann im gesamten Haus und im Garten. Vergebens. Ich sah wie Mike zum Telefon ging und verschiedene Leute angerufen hatte. Alles umsonst. An diesem Tag war die Stimmung sehr gedrückt und ich hatte mich bemüht, einmal nicht zu schreien und anständig zu sein. Am Abend klingelte das Telefon und eine große Erleichterung sah ich in Mike‘s Gesicht. Bruno war im Tierheim und konnte am nächsten Tag abgeholt werden. Die Nachbarn, 2 Straßen entfernt, hatten den kleinen Ausreißer auf der Straße spazierend gesehen und ihn mittels eins Eies angelockt und ins örtliche Tierheim gebracht. Da niemand zu Hause war, wurde er in diesem Heim erstmal abgegeben. Gleich am nächsten Morgen hat Mike den Ausreißer abgeholt. Die Wohngemeinschaft war wieder komplett. Ich genoss die Tage auf der Terrasse in der Sonne und am Abend in meinem neuen Käfig. Eines Tages, wir waren wieder im Garten hörte ich ein mir unbekanntes und sehr lautes Geräusch. Sofort bin ich auf das Dach vom Nachbarhaus geflogen. Mike und Patty sprangen auf und riefen meinen Namen. Ich genoss die Aussicht von dort oben. Ein wenig später habe ich mich entschlossen zu einem sehr hohen Baum zu fliegen. Das war lustig, für mich. Fußgänger, Radfahrer und dann auch Autos blieben stehen und schauten zu mir hinauf. Ich war wieder mal im Mittelpunkt. Alle riefen meinen Namen und Patty hob ihren Arm, damit ich weiss, dass ich zu ihr kommen sollte. Das hatten wir schon so oft geübt. Aber nö, ich wollte nicht. Andere Vögel waren auch im Baum. Erstmal krächzen, keine Antwort. Also nicht. So beschäftigte ich mich mit den leckeren runden Dingern, Äpfel genannt, an diesem schönen Baum. Einer nach dem anderen Apfel ist vom Baum gefallen. Dieser Baum gehörte nicht uns, machte mir aber nichts aus. Alle Menschen, die unter dem Baum standen, freuten sich…glaube ich. Es waren sehr viele und alle kannten mich, denn sie riefen meinen Namen. Mittlerweile ist der Eigentümer des Apfelbaumes mit einem großen Korb gekommen. Die Äpfel wurden eingesammelt und so hatte Mike und Patty jede Menge leckere Äpfel. Arbeitsteilung nenne ich das. Ich hatte sie gepflückt und die Menschen haben die Äpfel eingesammelt. Nach einer langen, langen Zeit wurde eine Leiter geholt und ein Mann und Patty kletterten zu mir auf den Baum. Da ich sehr müde war und nach Hause wollte, kletterte ich endlich auf den Arm von Patty. Sie nahm mich in ihren Arm und wir kuschelten lange und ausgiebig. Die vielen Menschen kamen langsam zu uns und jeder wollte mich streicheln. Darauf hatte ich aber keinen Bock und schrie aus vollem Hals. Sofort gingen wir wieder nach Hause und ab in meinen Käfig, zum gefüllten Futternapf. Dieser Ausflug hat mir viel Spaß gemacht, denn meine Flügel so richtig auszustrecken und einmal weit fliegen, das war schon ein großartiges Erlebnis. Für Mike und Patty weniger. Wieder vergingen die Wochen wie im sprichwörtlichen Fluge, denn ich durfte wieder frei fliegen. Nur wie auf dem Bild zu sehen ist, ich hatte immer eine Leine am Fuß. Mike hatte die Leine besorgt. Solche Leinen hatten auch die Falkner zum Training für ihre Falken. Meine Leine ist sehr lang und so kann ich fliegen. Aber ich spüre, wann ich landen muss. Reine Trainingssache. Ich weiß, dass es Ara Besitzer gibt, die ihre Lieblinge völlig frei fliegen lassen. Dies ist meinen Pflegern zu heikel und die Sorge, dass ich mich auf und davon mache ist zu groß. So wie ich gehört habe, gibt es große Greifvögel, mit ebenfalls einem großen und starken Schnabel, die sich Vögel im Flug schnappen. Und ich gehöre durch meine Farbenpracht, nicht in diese Natur. Ein Exot nun mal. Eines Tages waren

Mike und Patty schon sehr früh auf den Beinen, weckten mich und mein Geschirr wurde wieder angelegt. Dann stiegen wir alle wieder in das kleine weiße Auto. Die Fahrt dauerte mir zu lang, aber meine Pfleger war sehr aufgeregt und einfach gut drauf. So war ich ruhig. Nach einer Weile waren wir am Zielort angekommen. Das hatte ich schon einmal gesehen. Wir waren wieder bei Karin, Detlef und den vielen Papageien angekommen. Ich hatte ein bisschen Angst, denn diese vielen Vögel und fremden Menschen waren mir nicht geheuer. Meine größte Sorge war, dass Mike und Patty mich wieder abgeben wollten. Warum sonst waren wir hier? Und ein Ara mehr oder weniger macht in diesem schönen Vogelpark nichts aus. Ich fühle mich aber in meinem Zuhause sehr wohl und will nie wieder weg. Ich gab keinen Laut von mir und saß abwechselnd auf Pattys und Mikes Arm und Schulter. Einen guten Eindruck machen. Wir gingen wieder in das Haus von Karin, und da saß die grüne Amazone mit Namen, Mister Jones im Wohnzimmer. Mister Jones gehörte einer älteren Dame, die diese Amazone bei Karin und Detlef in Pflege gegeben hatte. Erstmal vorübergehend. In einem etwas größeren Käfig saß ein wunderschönes dunkelrotes Ara Mädchen. Es war Liebe auf den ersten Blick, obwohl mich diese Zicke nicht beachtet hatte. Mike und Patty waren ebenfalls völlig begeistert und konnten sich nicht satt sehen. Patty sagte: „Paul“ das ist deine „Paula“, deine Freundin“. Ich verstand nur Paula und sonst nichts. Klingt ähnlich, nur das „a“ hinten dran. Aha, das war der Name für diese Schönheit, eingebildet aber schön. Einen anderen und besseren Namen hätten die Menschen diesem hübschen Mädchen schon geben können. Vielleicht „Blümchen“, „Sonnenschein“ oder nur einfach „Cora“. Aber nein, Paula musste sie heißen. Naja, der Name Mike und Patty ist auch nichts Besonderes. Was sind das nur für Namen…Patty und Mike? Egal. Wieder wurde jede Menge Papierkram erledigt, denn das kannte ich schon, von unserer ersten Begegnung mit den beiden. Viele bunte Scheine wechselten den Besitzer dann ein Händedruck und Paula wurde aus ihrem Käfig geholt. Ein bisschen zickig die Kleine. Paula wollte in alle Hände und Finger beißen, die ihr zu nahe kamen. Aber Karin kannte das schon und war immun gegen den Schmerz und das Gezappel. Dann durfte auch Patty die widerspenstige, kleine, schreiende Ara Dame übernehmen. Sie wird erst 1 Jahr alt, aber dafür ist sie schon recht stattlich und der Schnabel sehr groß. Also bin ich der Ältere und habe das Sagen. Dachte ich zuerst. Ich war noch nie in Gesellschaft eines anderen Aras und so musste ich mich zuerst daran gewöhnen. Und wo soll sie denn wohnen? Bei mir? Nee, das wird nichts. Ich habe eine Junggesellenbude mit eigenem Fressnapf und Sitzstange und Spielzeug. Alles meins. Geteilt wird nicht, Basta. Und ich denke, dass wird eng in meinem Käfig, denn das Mädchen ist auch sehr groß. Meine Pfleger werden das schon machen, ich weiß noch nicht wie, aber es wird schon. Vielleicht bekommt sie ihr eigenes Zuhause. Jedenfalls war und ist unser jetziger Käfig einfach zu klein für uns beide.

Darf ich vorstellen, MEINE Paula. Sie ist kein Gelbbrustara so wie ich, sie ist ein Dunkelroter Ara, oder Grünflügel Ara, aber wir leben doch alle in einer Multikultgesellschaft. Tiere und Menschen.

So, das ist also aus dem hässlichen Entlein geworden, das wir alle vor längerer Zeit gesehen hatten. Ganz wie in dem Märchen von dem dänischen Schriftsteller Hans Christian Andersen. Also immer abwarten, wie sich alles entwickelt, denn Nobody is perfect und vollkommen.

Nach einer längeren Kaffeepause und vielen Gesprächen zwischen Karin und Patty, Mike und Detlef wurden die Sachen gepackt und nach Hause gefahren. Paula saß in einer Katzentransportbox, denn sie war noch sehr ängstlich und unruhig. Ich würde sagen, sehr schüchtern. Noch ... Endlich wieder zu Hause. Wir holten unser neues Familienmitglied aus der Box. Paula war sehr verschüchtert und zitterte ein wenig, kalt war es nicht, es war die Angst. Mike und Patty versuchten, sie zu beruhigen, und ließen die Kleine erst einmal in Ruhe. Kleine Leckerli sollten das Eis brechen. Einen „Fleck“ nach dem anderen setzte sie überall in die Gegend. Aber als Besitzer von Papageien muss man damit leben und darf nicht allzu penibel sein. Alle waren nur am Wegwischen und dann wurde sie auf MEINEN Käfig gesetzt. Paula bewegte sich gar nicht. Aber schreien konnte sie schon. Das kleine Mädchen hatte eine sehr laute und etwas andere Stimme als ich. Sie klang so, als wäre sie Kettenraucher. Rau und tief waren die Töne. Leider kann ich das ganze

Geschrei nicht in diesem Buch so wiedergeben. Wer einmal in den „Genuss“ der Ara-Stimmen kommen möchte, dem empfehle ich, einmal im Internet zu suchen. Dort wird man immer fündig. Viel Spaß. Es sei gesagt, dass zufriedene Ara nicht immer schreien, nur ab und zu einmal … so wie ich. Auch ich war einmal ein „Schreier“. Aber seit ich bei Mike und Patty bin und viel mehr Zuneigung und Ansprache habe sowie oft aus dem Käfig darf, bin ich ruhig und plappere ein paar Worte nach. Immer zur Freude meiner Pfleger. Das weiß unsere Paula nicht, woher auch? Sie wird sich an uns und ihr neues Heim sehr schnell gewöhnen … ich helfe ihr dabei, solange sie nicht nervt und meinen Fressnapf in Ruhe lässt. Sie hat nämlich ihre eigene Futterstelle.

Sehr bald bemerkte ich eine gewisse Unruhe bei Mike und Patty. Sie schauten immer zu uns in den Käfig. Paula fühlte sich immer wohler und wurde richtig frech. Die Schüchternheit, die sie am Anfang hatte, war wie weggeblasen. Wir durften aus unserem Käfig zum Fliegen und Kuscheln. So langsam habe ich, der Paul, versucht, die Paula zu putzen. Das machen Vögel so, um ein gesundes Sozialverhalten aufzubauen. Immer wenn ich mich Paula, der Zicke, genähert habe, gab es Ärger. Großer spitzer Schnabel und Krallen bedeuten, lieber Abstand halten. Zu unseren Pflegern war sie sehr zutraulich, na klar, von diesen Menschen bekommen wir auch immer unser Futter. Hände, die füttern, beißt man nicht.

Gemeinsam und zweisam sitzen wir auf unserem Käfig und beobachten das Treiben und die Aktivitäten im Haus. Ich denke, dass für zwei so großc Vögel dieser schöne Käfig doch etwas zu klein ist. Paula hat auch noch dunkle und schwarze Augen, das kommt daher, weil sie noch jung ist. Bei mir, dem Paul, ist die Iris weiß und sieht nicht mehr so böse aus. Aber der Schnabel von Paula ist gewaltig und schon größer als meiner. Na, was das wohl noch werden wird, denn sie ist ein Jahr jünger, als ich es bin.

Unser erster gemeinsamer Ausflug an der frischen Luft und in der Sonne. Herrlich. Paula schaut noch etwas ängstlich in die Gegend, aber ich, der Paul, achte auf alles und jeden.

Noch ist meine Paula, wie bereits erwähnt, sehr schüchtern, wie kleine Mädchen nun mal so sind, aber ich denke, dass dieser Zustand nicht mehr lange anhalten wird. Die ersten zaghaften „Frechheiten“ hatte sie sich schon erlaubt. Sie beißt mich in meine schönen langen Schwanzfedern, und die brechen dann ab. Ich brauche diese Federn alle, um richtig fliegen und steuern zu können. Besonders der Kurvenflug ist ohne diese Federn fast unmöglich. Aber noch bin ich der Boss. Sie knabbert alles an. Besonders die Tapete, wenn Mike oder Patty nicht schnell genug einschreiten. Die Küche sollte sowieso renoviert werden, jetzt macht es Sinn und die Tapeten müssen auch nicht alle abgezogen werden. Das haben Paula und dann auch ich schon angefangen und zum größten Teil erledigt. Vom Türrahmen lasse ich ab, denn Mike gerät richtig in Rage und der Puls steigt bedrohlich, sobald ich ein Stück wegknabbere. Kann ich nicht verstehen, denn an meiner Holzstange im Käfig darf ich das auch. Holz ist Holz.

Samstag ist Dusch- oder Badetag. Als ich noch allein war, da hat mich Patty immer mit unter die Dusche genommen. Ich saß auf ihrer Schulter und dann auf dem Arm. Allein hatte ich mich das nicht getraut. Meine Mama, die Patty, war aber angezogen, das heißt, sie hatte alle ihre Klamotten an. Waschen die Menschen die Kleider gleich mit?

Eigentlich logisch, denn ich behalte meine Federn auch und reiße diese nicht aus. Es wäre auch schwierig für mich, immer nackt zu sein, und wie sieht das denn aus? Es war nur Wasser ohne dieses Schaumzeug. Schön warm und nach dem Duschen wurde ich mit einem großen Handtuch trocken gerubbelt. Das war sehr schön. Nun aber ist unsere Paula bei uns und da will ich nicht mehr mit Patty duschen und baden schon gar nicht.

Paula ist eine richtige Wasserratte. Sie spaziert in die Dusche, schreit nach Wasser und dann geht es richtig ab. Sie hängt sich an den Duschschlauch und flattert wild umher. Eigentlich möchte ich meine Ruhe bei der Körperpflege haben, aber das ist nun vorbei. Oje, was für eine Sauerei. Überall Wasserspritzer im Bad, weil die Paula ab und an aus der Dusche springt und dann richtig flattert und sich schüttelt. Patty ist im Krisenmodus, weil das Bad und die Spiegel unter Wasser stehen. Ich mache mich lieber aus dem Staub, denn es ist dicke Luft, wieder einmal. Paula folgt mir und so watscheln wir ins Wohnzimmer mit einer dicken, breiten Wasserspur hinter uns. So wird auch der Flur gereinigt. Es ist nicht so, dass es bei uns dreckig wäre, aber wir helfen bei der Reinigung sehr gerne. Ist nur Wasser. Aber als wir uns auf unserem Käfig noch so richtig geschüttelt und mit unseren Flügeln geflattert hatten, war das große

Fenster im Wohnzimmer voll mit Wassertropfen und versaut. Naja, Paula und ich machten im Bad und Flug einige „Kleckse“, weil das warme Wasser sooo gutgetan hat und die Verdauung angeregt hat.

Mike hat bemerkt, dass Paula, oder war es vielleicht ich, die Shampoo-Flasche angeknabbert hat. Viel, sehr viel von dem Zeug lief auf den Fußboden und die flauschige Badematte. Der Tag war damit für uns und die anderen gelaufen. Dieses Zeug von all den Badezimmersachen zu bekommen, da hilft nur die Waschmaschine. Erst einmal.

Der nächste Tag, früh am Morgen, begann wieder sehr aufregend für uns. Paula und ich durften wieder etwas im großen Zimmer umherfliegen. Leckere Polstersessel und ein großes Sofa waren unsere Spielwiese. Leder ist sehr zäh und lässt sich schlecht zerbeißen, besonders wenn man dabei von Patty und dem bösen Mike immer wieder gestört wird. Es gibt ja noch den Holztisch, die Standuhr, die Blumenbank oder all die schönen bunten Sachen auf dem Wohnzimmerschrank und der Kommode.

Was war das für eine wilde Rennerei von Mike und Patty? Ich denke sie hatten sich diesen Sonntag etwas ruhiger vorgestellt. Aber Papageien, besonders wir, die Aras wollen spielen und suchen die Unterhaltung.

Nach einer gewissen Zeit kam Mike mit einem langen und großen Stock ins Zimmer. Es wurde ausgemessen und geplant und viel zwischen den beiden diskutiert. Patty und Mike verschoben einige Möbel, Tische und auch unseren Käfig. Uns ging diese ganze Unruhe so richtig auf die Nerven, lautes Geschrei aus Paulas und meinem Schnabel waren die Folge. Patty und Mike waren auch sehr unruhig und genervt. Wir haben laut gekreischt, Mike und Patty riefen immer lauter: „RUHE!“ Und so war die Sonntagsruhe dahin, vor allem weil Paula dieses „Ruhe“ immer wieder nachkrächzte. Nur gut, dass unsere Nachbarn etwas weiter weg von unserem Haus wohnten, was sollen die sonst denken? Ja so ist es. Ob Kinder im Haus sind oder Vögel, besonders Papageien, es ist immer Stimmung und Lärm in der Bude.

Mike wollte einen besonders großen Käfig für seine und Pattys Lieblinge, also uns. Je größer, umso besser. Platz sei genug vorhanden, sagte er. Ein Raumteiler vom Wohnzimmer ins Esszimmer sollte es sein. Alles wurde genau gemessen. Und so wurde der Käfig auch bestellt. Mit vielen Klappen für die Futternäpfe und Wasserschalen, einer verschiebbaren Zwischenwand und Schubladen für den Bodengrund, damit alles sehr leicht zu reinigen war. Auch eine Klappe für das Nest, sollte die Paula irgendwann ein Ei legen und brüten.

Brütende Aras darf man nicht stören, weil sie sonst äußerst aggressiv werden, auch gegen ihre Pfleger, und niemand sollte dann in den Käfig langen. Dann muss die Käfigreinigung etwas leiden. Der Käfig bestand aus massivem Stahl, es gab also keine Chance, den Käfig durchzubeißen. Das hatte ich bei meinem ersten viel zu kleinen Käfig probiert und auch geschafft.

Ich habe die Stäbe lange bearbeitet und irgendwann waren sie abgebrochen. Das hat auch Mike bemerkt und so musste ein stabiler Käfig angeschafft werden, denn sicher ist sicher. Mike und Patty haben auch einen Teakholzbaum für uns gekauft. Dieser stand nun im Esszimmer für uns zum Klettern und Knabbern. Wer hat schon einen Baum, der bis zur Zimmerdecke ragt, im Haus stehen? Bis der neue Käfig endlich geliefert wurde, durften Paula und ich dort auch immer sitzen und klettern. Unser Fußboden ist gefliest und so sehr leicht zu reinigen, für den Fall, dass ein Unglück passiert. Und das ist sehr häufig vorgekommen. So ist es nun einmal, wenn Vögel in einem Haushalt gehalten werden, da darf man nicht so pingelig sein. Staub und Dreck, das muss in Kauf genommen werden. Besonders bei so großen Aras, wie wir das sind. Junge Vögel haben auch noch den Babyflaum. Weiße Daunen überall, sobald wir uns so richtig schütteln. Ein Vorteil ist, dass wir Aras während der Mauser nicht alle Federn verlieren und somit immer ein paar kleine und sehr große Federn durch die Wohnung fliegen. So haben die Pfleger auch was davon. Und wir erneuern ständig unsere Federn. Die Menschen laufen auch nicht immer in den gleichen Klamotten rum, oder sollten das nicht tun. Es gehört wie bei uns zur Hygiene und Körperpflege.

Anmerkung des Autors: Wir besitzen einen Fiat 500 Cabrio. Das bedeutet, wir haben keine Ladefläche oder Kofferraum. Es ist kaum zu glauben, was mit diesem kleinen Flitzer alles transportiert werden kann. Dieser Teakbaum hat eine Gesamtlänge von ca. 2.80 Meter und ist sehr ausladend mit allen Ästen. Nach dem Kauf des Baumes hatten wir Hilfe vom gesamten Personal des Geschäftes. Ungläubige Blicke wurden uns zugeworfen, als wir den Männern unsere Transportmöglichkeit zeigten. Aber wir sind flexibel, also Dach auf, Baum rein und fertig. Viele Fotos wurden gemacht und die hängen heute noch im Verkaufsraum. Der Baum ragte mindestens zwei Meter oben aus dem Dach des Cabrios heraus. Die Heimfahrt war ein einziges „Daumen-hoch“-Erlebnis.

Kapitel 4: Das neue Zuhause

Nach ein paar Tagen wurde unser neuer und sehr großer Käfig geliefert. Als ich den gesehen hatte, natürlich in seine Einzelteile zerlegt, kam große Freude auf, denn dieses Teil muss gewaltig sein. Bei Patty weniger. Sie hatte berechtigte Zweifel, ob dieses Riesending an den dafür vorgesehen Platz passt. Paula, meine kleine süße Maus, sagte zum ersten Mal ein „Hallo“, wenn auch nur zur Begrüßung des neuen Käfigs. Und das immer wieder. Sie hört aufmerksam zu und irgendwann plappert sie alles nach.

Nun war der Käfigaufbau angesagt. Da dieser Aufbau der vielen großen und sehr schweren Teile nicht mit zwei Menschen zu schaffen war, musste ein guter Freund der Familie kommen und helfen. Die ersten Teile wurden zusammengesetzt und ich werde nie die bösen und ungläubigen Blicke von Patty gegenüber Mike vergessen, als der neue Käfig seine gewaltige Form annahm. Dieser Käfig war eigentlich als Raumteiler vom Wohnzimmer ins Esszimmer gedacht. Nur wie sollten meine Pfleger noch in das Esszimmer kommen? Und was zum Geier hatte Mike da ausgemessen?

Der Käfig ist gewaltig. Gut für Paula und mich. Weniger für Patty und besonders für Mike. Ich habe die Diskussion zwischen den Menschen und das Gelächter nicht verstanden. Nix ist mit Raumteiler. Also das Esszimmer ausräumen, um unseren Käfig unterzubringen. Natürlich sollte das Zimmer auch noch gemütlich und wohnlich sein. Es geht nicht, dass im Wohnbereich ein riesiges Teil aus Stahl steht. Es dauerte noch den ganzen Tag, bis der neue gewaltige Käfig an seinem Platz stand. Es ist nur gut, dass der Käfig auf großen stabilen Rollen steht. Einen Gabelstapler zum Transportieren oder bewegen hat Mike nicht. Egal, das ist nicht unser Problem.

Ein schöner Fensterplatz wurde gefunden und so konnten Paula und ich in den Garten schauen. Dann sind wir eingezogen. Ein großartiges Teil. Wir konnten unsere großen Flügel so richtig ausbreiten und klettern. Viele Stangen, Seile und anderes Spielzeug wurden angebracht. Auch eine Trennwand kann eingeschoben werden, falls Paula und ich uns streiten sollten. Ganze wie bei den Menschen, die dann in ein anderes Zimmer gehen können. Jeder von uns hat eine eigene Schale für Wasser und Futter. Super. Die Türen zum Öffnen des Käfigs sind fast so groß wie die Türen der Menschen. So kann auch die Patty in den Käfig gesperrt werden …Originalton von Mike.

Am nächsten Tag nach der Fütterung sind Mike und Patty kurz weggefahren. Dabei haben sie die Futterklappe nicht ganz verschlossen. Wir Aras sind Ausbruchskünstler und merken sehr schnell, wie eine Klappe oder Tür zu öffnen ist. So, nun ist die Luft erst einmal rein. Raus aus dem Käfig und das Teil genauer betrachten. Paula saß noch schüchtern auf dem großen neuen Käfig. Ich, der Paul, wollte nun in aller Ruhe die Räumlichkeiten erkunden. Die Zimmerpflanzen und das ganze grüne Zeug haben mich schon immer sehr interessiert. Ich musste doch einmal kosten, wie das so schmeckt. Ein Blatt und eine Blüte nach der anderen mussten dran glauben. Nichts schmeckte mir. Aber in der Blumenerde lässt es sich wunderbar herumgraben, denn die ist weich und kann untersucht werden.

Nun kam auch Paula angeflogen. Da Paula noch sehr jung ist, kann sie noch nicht so gut und weit fliegen wie ich. Es ist vielmehr ein Flattern und ihre Flaumfedern verteilten sich im ganzen Raum. Es sah aus, als hätte es geschneit. Das weiße Zeug kenne ich bereits von meiner Anreise. Ich wusste, dass man die Möbel der Menschen nicht anknabbern darf. Aber Paula kann das noch nicht wissen, woher auch? Sie wird es aber sehr bald zu spüren bekommen. Denn als sie ein großes Stück aus der Tischkante und dem Ledersofa herausgebissen hat, na da ahnte ich bereits, was kommen würde. Sobald Mike und Patty wieder zuhause wären. Ein paar kleine „Unfälle“ wie zerbrochene Vasen vom

Wohnzimmerschrank, zerrissene Bücher und Zeitschriften sowie angebissenes Obst machten die ganze Sache auch nicht mehr viel schlimmer.

Ich beschloss, mich wieder in den Käfig zurückzuziehen. Paula saß noch auf einem Esszimmerstuhl und hatte Durchfall.

Patty betrat als erstes das Wohnzimmer. Schweigen. Dann kam Mike … auch Schweigen.

Anmerkung des Autors: Wir lieben diese schönen und intelligenten Vögel sehr. Es gibt aber Momente, in denen wir überlegen, wie das alles weitergehen soll und was wir nun ändern müssen. In der Haltung wohlgemerkt. Ein Tsunami, ein Erdbeben mittlerer Stärke oder ein Vulkanausbruch können keine größeren Verwüstungen anrichten.

Ich, der Paul war nun ganz still, denn ich merkte, dass die Stimmung sehr angespannt war. Nur Paula krächzte munter drauf los. Weitere Worte kamen aus ihrer Kehle. „Fräulein … na komm mal her … NEIN, NEIN … Paula!“ Diese Worte hatte sie sehr schnell gelernt, weil sie genau diese Worte immer wieder hörte. Kann man da noch böse sein? Ja, man kann!

Nun wurde alles wieder aufgeräumt und der Staubsauger, den wir Vögel gar nicht mögen, machte alles wieder sauber, genauso wie der nasse

Putzlappen. So gut es eben ging in der Eile, weil Patty und Mike am Abend noch Besuch bekamen. Da kann die Bude doch nicht so verwüstet und dreckig sein. Was werden nur die Leute sagen? Die Schäden an den Möbeln, das war etwas schwieriger und diese konnten nicht behoben werden. Es musste sowieso einmal neues Mobiliar angeschafft werden.

Nach dieser Aktion war das Wohnzimmer für unsere täglichen Ausflüge erst einmal tabu. Paula und ich durften im sehr großen Keller frei fliegen, ansonsten war die Küche und der große Flur unser täglicher Spielplatz.

Jeden Samstag war, wie bereits erwähnt, der Bade- und Duschtag. Meine Paula war eine richtige Wasserratte und wartete ungeduldig auf ihre Wasserration. Ich, der Paul, mochte dieses nasse Zeug, welches von oben kam, nicht so sehr. Aber Patty und Mike bestanden darauf, dass auch ich ein Bad bzw. die Dusche über mich ergehen lasse. Zuerst wollte die Paula immer allein unter die Dusche und so vertrieb sie mich immer wieder. Das passte mir gut. Aber Mike nahm Paula auf seinen Arm und hielt sie einfach unter das warme Wasser. Nach dieser Aktion blutete der Arm von Mike sehr stark, weil Paulas Krallen höllisch stark und spitz waren. Sie hielt sich nur fest und es war keine böse Absicht. Der Arm sah aus, als wäre er in einen Schredder gekommen.

Nach einer gewissen Zeit liefen wir jeden Samstag in die Dusche und kreischten nach Patty und Mike. Wasser marsch und unser Vergnügen konnte beginnen. Das anschließende Saubermachen des Bades weniger. Nach der gemeinsamen Dusche trockneten wir uns auf dem Käfig langsam unser Gefieder. Natürlich schüttelten und flatterten wir mächtig. Die Fenster und das Umfeld sahen auch dementsprechend aus. Patty ist dabei in eine mittlere Krise geraten, jeden Samstag. Dann wurden die Fenster, damit die Sicht wieder klarer wurde, die Möbel und weitere Einrichtungsgegenstände geputzt. Viel Arbeit für Patty und Mike.

Am Nachmittag durften wir wieder aus unserem Käfig zum Freiflug im großen Zimmer. Natürlich nur unter der Aufsicht von Mike und Patty. Es ist schon sehr viel zu Bruch gegangen, von den angeknabberten Möbelstücken ganz zu schweigen. Ja, Papageien machen eine Menge Arbeit und je größer die Flattermänner sind, umso mehr. Aber die Freude über uns überwiegt … da bin ich mir sehr sicher.

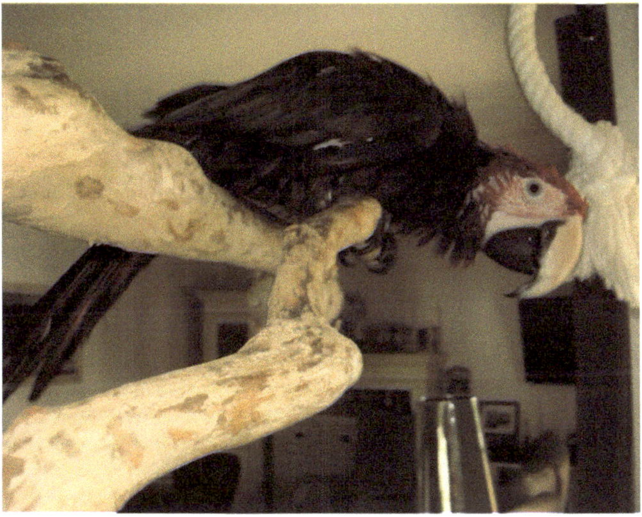

Die Paula sieht schon komisch und richtig zerfleddert aus in ihrem nassen Federkleid. Doch der kleinen Wasserratte macht es richtig Spaß zu planschen. Ihre Grunzlaute und Freudenschreie, während sie unter der Dusche steht, sind nicht zu überhören.

Ich, der Paul, bin der ruhige Zeitgenosse und lasse das Duschbad über mich ergehen. Ist nur einmal in der Woche. So sehen wir nach dem ausgiebigen Duschvergnügen aus. Paula, mein kleines rotes Mädchen, ist eine Wasserratte und immer tropfnass. Dann wird zur großen Freude erst einmal kräftig geflattert.

Paula saß auf der Schulter von Patty und nagte an ihrem neuen T-Shirt. Die Naht war nicht besonders stabil, und so riss der ganze Kragen. Viele kleine Löcher waren in der Kleidung und somit hatte Patty einen weiteren Putzlumpen. Es gibt auch Menschen, die bezahlen für solch eine „Designermode“ eine Menge Geld. Hier gibt es das umsonst. Ab diesem Zeitpunkt zogen unsere Pflegeeltern immer die ältesten Klamotten an, die sie auftreiben konnten. Mike machte das auch, dazu muss man wissen, dass er zuhause rumläuft wie ein Gammler. Patty schimpft, aber er erwidert, dass es bequem sei, und wem es nicht passt, der solle wegsehen. Punkt und Ende der Diskussion. Es war nur peinlich, wenn jemand zu Besuch kam. Wie laufen die denn rum? Nach einer kurzen Erklärung aber war alles ok. Paula und ich hatten viel Zeit zum Knabbern und Ausprobieren.

Wir stellten sehr schnell fest, wie die Klappen für das Futter, Wasser und die Türen für die Bruthöhle aufgingen. Ja, der Käfig hatte zwei Öffnungen für eine Bruthöhle. Sollte meine Paula einmal ein Ei legen, die Brutmöglichkeit war da. Da hatten Patty und Mike einmal mitgedacht, obwohl ich glaube, dass die beiden eine Nachzucht von uns nicht wirklich wollen. Aber mal sehen, was sich ergibt. Jedenfalls arbeiteten Paula und ich daran, diese Klappen aufzubekommen. Mike fand das nicht lustig und so holte er wieder seinen Bekannten, der alle unnötigen Klappen und Türen zugeschweißt hat. Nun war unser Käfig ein Hochsicherheitstrakt.

Eines Tages, wir hatten wieder Ausgang oder Freiflug, kam unerwartet Besuch zu Patty und Mike. Ein älterer Mann mit Brille, so wird das Gestell auf der Nase der Menschen wohl genannt, kam herein. Den musste ich mir mal genauer ansehen. Zuerst mal die Brille abnehmen. Ich flog auf die Schulter, was ich sonst nicht mache, und, zack, die Brille flog in hohem Bogen weg. Es ist nun einmal Glas, und das ist, wie jeder weiß, zerbrechlich. Das Gestell war auch nicht stabil. Totalschaden. Menschen, die eine Brille benötigen, sind ohne dieses Hilfsmittel sehr eingeschränkt und manchmal hilflos, je nachdem. Es war eine Gleitsichtbrille, also für die Ferne und zum Lesen, sehr teuer. Wie so oft, passiert das immer am Wochenende. Also musste dieser Mann sehr lange fast blind durch die Gegend laufen. Sorry. Kann ich doch nicht wissen, denn ich bin sehr neugierig und möchte alles untersuchen. Patty war erschrocken, genauso wie der Mann, es war ihr Vater. Böse Worte folgten, die ich hier nicht wiederholen kann und möchte.

Nach einer Weile kam auch Mike nach Hause und so erfuhr er von meinem Missgeschick.

„Was hat er nun wieder angestellt?“ Mike hat das sehr sportlich aufgenommen, da die Familie versichert ist. Diese Dinge interessieren mich. Patty und Mike tragen Ohrringe in ihren Ohren. An Mikes Ohrring habe ich mich nie herangetraut, aber der Stecker und Ohrring von meiner Pflegemama war schon sehr interessant. Ich wollte auch mal probieren, wie der so schmeckt und ob ich das

Teil zu fassen bekomme. Kurz ziehen, ein Schrei und ab war der Ohrring. Pech nur, dass ich dabei das Ohr aufgerissen habe. Das tat mir leid, vor allem, weil es stark blutete. Woher auch sollte ich wissen, dass die Ohrringe durch das Ohrläppchen gesteckt waren. Ich hatte den Ohrring rausgerissen. Der Tag war wieder einmal gelaufen für mich.

Paula war ruhig und saß auf ihrer gewohnten Stange und fraß wie immer. Ich wundere mich nur, wo meine Paula das alles hin frisst. Wenn das so weitergeht, dann wird es ein ganz fettes Weibchen. Oder sie wächst noch? Schon jetzt ist sie fast größer als ich. Nur gut, dass es zwei Futternäpfe und zwei Wasserschalen gibt. Sonst hätte ich sehr schlechte Karten.

Kapitel 5: Tiefe Trauer

Irgendetwas war nicht in Ordnung an diesem Morgen. Die Stimmung war nicht so fröhlich wie sonst, auch das Radio lief nicht. Kein Guten Morgen, kein liebes Hallo oder eine andere Ansprache. Wir wurden nur kurz gefüttert und dann ging Mike wortlos aus dem Zimmer. Patty haben wir gar nicht gesehen und das war schon sehr seltsam, war sie doch die erste, die uns immer begrüßte.

Ein Mann in weißem Mantel und schwarzen großen Koffer kam nach Hause. So etwas hatte ich noch nie gesehen. Alle gingen in das andere Tierzimmer, in dem der Käfig der Frettchen stand.

Es dauerte lange, bis alle zurückkamen. Mike und Patty sowie der Mann im weißen Kittel unterhielten sich lange und ganz ruhig miteinander. Patty hat geweint und ich glaube, dass ich auch bei Mike die eine und andere Träne gesehen habe. Paula und ich waren ruhig, denn wir haben ein sehr gutes Gespür für die Stimmung und die Launen der Menschen. Tiere spüren das.

Bruno, unser Frettchen, war tot. Der niedliche treue und immer fröhliche Freund der Familie musste eingeschläfert werden. Er hatte Nierenversagen und es bestand keine Chance auf Heilung, Aussage des Tierarztes. Eine Dialyse, wie sie bei Mike durchgeführt werden muss, gibt es für Tiere nicht. Ich bin mir sicher, dass Patty und Mike keine Kosten und Mühen gescheut hätten, um Bruno zu retten. So haben Mike, Patty und der Arzt die Entscheidung getroffen, Bruno, dem süßen Frettchen, weitere Leiden zu ersparen. Eine Spritze hat Bruno friedlich einschlafen lassen.

Anmerkung des Autors: Es fällt mir heute noch sehr sehr schwer, über diese Zeit und die Entscheidung zu schreiben. Der einzige Trost für uns ist, Bruno hat nicht leiden müssen und ist friedlich eingeschlafen, ohne Qual und Schmerz.

Ich, der Paul, und meine Paula verstanden natürlich nicht, was vorgefallen war, aber ich weiß, dass das Frettchen-Mädchen, genannt Mia, in gute fremde Hände abgegeben wurde. Wie wir Papageien sollten Frettchen auch nicht allein leben. Sie brauchen die Gesellschaft der Artgenossen. So konnten wir nicht mehr die zwei lustigen Familienmitglieder beim Spielen und Herumtollen beobachten. Es sind kleine Raubtiere, aber die beiden haben uns nie etwas getan. Da haben Patty und Mike immer aufgepasst. Sehr schade um die zwei, denn ich habe erfahren, dass auch Mia kurz darauf gestorben ist. Hat sie um Bruno getrauert? Das kann ich mir sehr gut vorstellen, denn bei fast allen Lebewesen ist die Trauer um einen geliebten

Partner nicht so leicht wegzustecken. Papageien können an der Trauer um den Partner sterben. Sie fressen nicht mehr, zeigen keine Reaktionen und auch wenn wieder ein Partner zu dem Einzeltier gesellt wird, dann kann das, aber muss nicht funktionieren. Eine sehr schwere Situation, die so manchen Pfleger fast verzweifeln lassen.

Bruno schläft nur. Die Frettchen sind kleine Raubtiere, man sieht es an den Zähnen.

Kapitel 6: Papageien werden sprechen.

Eine kleine Anekdote über andere Papageien und deren Besitzer. Paula spricht sehr viel für ihr junges Alter. Ist nun mal ein Mädchen. Ich, der Paul, komme überhaupt nicht zu Wort, weil meine Paula sobald ich etwas sagen möchte, ein lautes „Nein … Nein … Nein“ schreit. Dann folgt ein „Fräulein, na komm mal her“ … oder ein “Lecker, lecker, lecker“, wenn sie etwas frisst. Und das Ganze wiederholt sich. Ist kein Problem, aber bei manchen Papageibesitzern kann die Redekunst durchaus zum Problem werden. Die Amazonen sind richtige Sprachkünstler. So war es auch bei einer Familie, die ein Spracherkennungsgerät besitzt. Über dieses Gerät kann das Licht, der Fernseher, Radio und andere Geräte gesteuert werden. Man muss nur sprechen und das Gerät macht den Rest. Auch telefonieren. So kam es auch, dass die Besitzer der Amazone sehr viel bei einem Onlinehändler bestellt hatten. Der Papagei hörte aufmerksam zu. Eines Tages, als die Besitzer nicht zu Hause waren, wurde bestellt. Nicht von den Papageienbesitzern sondern von der Amazone. Ein paar Tage später hielt ein sehr großer Lieferwagen vor der Haustür und hat angefangen, nachdem die Eigentümer die Tür öffneten, die bestellten Dinge auszuladen. Das Problem war nur, dass niemand aus der Familie diese vielen verschiedenen Dinge wie Lebensmittel, Klamotten, Fernseher, Spielsachen und andere elektronischen Geräte bestellt hatte. Der Papagei hat alles, was er so gehört hatte, einfach nachgeplappert … wer sonst. Das alles ist kaum zu glauben, aber die volle Wahrheit und hat sich durch zahlreiche Medien schnell verbreitet. Hatte dieser schlaue und freche Zeitgenosse doch seinen ganzen Sprachschatz freien Lauf gelassen. Die ganze Sache konnte sich für alle Beteiligten verhältnismäßig gut und ohne weitere Nachteile aufklären. Nur den Spott der Nachbarn und der Leser in den einschlägigen Medien mussten die Besitzer ertragen.

Ein weiteres Ereignis wurde berichtet: Ein Ara wie ich war einmal davongeflogen. Er saß auf dem Dach des Nachbarn und dachte im Traum nicht daran, zu seinen Besitzern zurückzukommen. Alle Lockversuche blieben erfolglos. Er saß gemütlich auf seinem Dach und betrachtete, was sich so abspielte. Alle Versuche, diesen Ara zur Rückkehr zu bewegen, sind gescheitert. Fast drei Tage war unter den Besitzern die volle Sorge und Panik um ihren Liebling und an Schlaf war nicht zu denken. Die letzte Hoffnung und Rettung war noch, die Feuerwehr und die Polizei zu rufen. Als die lange Leiter ausgefahren worden war, flog er einfach auf das nächste

Dach und beschimpfte alle anwesenden Personen auf das Übelste. Woher er diese Worte nur hatte? Peinlich für die Besitzer. Lange muss es gedauert haben, bis der Vogel wieder in der Obhut der Besitzer war. Ein paar Tage später musste der Ara sich bei der Feuerwehr und der Polizei entschuldigen. Die Worte für eine Entschuldigung sind Übungssache, und so ist diesem kleinen frechen Tier vergeben worden. Wer kann da noch böse sein?

Es gibt zahlreiche Geschichten dieser Art und alle sind keine Fantasie, denn ich weiß, wie einfach es ist, dass nach einer gewissen Zeit alles nachgesprochen wird. Paula ist das beste Beispiel dafür. Ich weniger.

Ganz so einfach, wie im Fernsehen oft gezeigt, ist es aber nicht. Viel Ansprache, Geduld, Zeit und Training sind dafür nötig, möchten die stolzen Besitzer einen sprechenden Papagei haben. Wenn alles einmal in dem kleinen Köpfchen ist, dann wird es auch nicht vergessen. Meine Pflegeeltern, Mike und Patty, sind deswegen sehr, sehr vorsichtig mit der Auswahl von Worten und Sätzen. Es ist unpassend und kann peinlich sein, wenn Freunde und Bekannte zu Besuch kommen und der Vogel folgende Äußerung abgibt. „Was willst du hier? Hau ab.“ oder nach schlimmere Worte.

Anmerkung des Autors: Diese Worte und Sätze haben die Papageien nicht von uns. Sie hören auch zu, wenn das Radio oder der Fernseher läuft. Es kann durchaus sein, dass so manche Werbung nachgeplappert wird oder aus Filmen Geräusche und Worte kommen. Manchmal reicht nur ein Versuch. Ganz, wie es dem Papagei gefällt.

Es gibt eine Amazone, die am Ein- bzw. Ausgang der Gaststätte ihren Käfig hat. Sobald die Gäste die Räumlichkeiten verlassen, dann fragt dieser freche Vogel sehr eindringlich, ob denn schon alles bezahlt worden ist. Das wurde sehr lange trainiert und, wie man hören kann, hat es zur großen Belustigung aller Gäste, funktioniert. Ist auch voll ok.

Paula und ich, der Paul, sind noch sehr jung und mal sehen, was sich bei uns alles ergibt. Bezahlen muss bei uns aber niemand. Wir Papageien sind auch sehr nachtragend und müssen sehr sanft und ohne Zwang und Druck erzogen werden. Besonders wenn das laute Geschrei wieder einmal die Gehörgänge unserer Pfleger strapaziert. Ruhiges Zureden hilft mehr als böse laute Worte oder nach uns schlagen.. Das geht gar nicht. Wenn wir Vertrauen zu unseren Pflegern gefasst haben, dann geben wir alles mit bedingungsloser Liebe und

Zuneigung zurück. Kuscheln und ausgiebiges schmusen muss an der Tagesordnung sein. Ich habe meine Paula, aber ich schmuse sehr gerne und lange mit Patty. Mit Mike weniger, denn er muss schon öfter schimpfen und laut werden, wenn es zwischen mir und Paula richtig „kracht“. Streitereien sind an der Tagesordnung. Ich mag ihn aber trotzdem. Die Paula kann Mike nicht leiden, denn sie lässt sich nicht anfassen und hackt manchmal nach ihm. Ein Mädchen und eine Zicke halt, ich denke, das legt sich noch. Mich, den Paul, zwickt das Biest auch in meine Füße oder stielt mir das Fressen aus dem Schnabel, obwohl der Napf gefüllt ist und dort genau das gleiche ist wie in meinem Schnabel. Aber nein, mein Futter will sie haben. Der Hammer ist, sie sagt dabei: „Paula auch.“ Und das ist kein Scherz. Wir sind keine Singvögel, aber Patty singt uns am Abend immer etwas vor und nun fängt Paula schon an einzelne Laute nachzumachen. Das ist kein Gesang, aber sie probiert es. Ich kann sehr gut pfeifen, nicht so wie ein Singvogel, aber ein Pfiff ist es. Sehr laut und eindringlich. Besonders wenn ich mich freue. Es ist also ein Pfiff vor lauter Übermut. Manchmal nicht zur Freude von Patty und Mike, wenn sie entspannt auf ihrem neuen Sofa liegen. Man darf nicht so schreckhaft sein, wenn Papageien im Haus gehalten werden. Denn aus heiterem Himmel kann ein Schrei oder dieser Pfiff aus der Kehle kommen.

Mit der Papageienhaltung ist die Ruhe im eigenen Heim vorbei. Aber bei Kindern ist es auch so, und die große Freude überwiegt all die Mühe. Das spüren ich und Paula.

Kapitel 7: Treue Freunde und Familienmitglieder

Unsere Pfleger, Patty und Mike, wollten in den wohlverdienten Sommerurlaub nach Spanien fahren. Es ist sehr schwer, wenn nicht gar unmöglich, uns Papageien mitzunehmen. Wie sollte das denn gehen? Unser Käfig ist schwer und sehr groß. Ein Transport ist ausgeschlossen, denn dafür würde ein LKW gebraucht. Und mit einem solchem Gefährt in den Urlaub zu fahren, na ich weiß nicht. Und selbst wenn die Transportmöglichkeit geregelt wäre, dann bleibt noch die Frage: In welche Unterkunft sollten wir alle zusammen gehen? Kein Hotel wird unsere kleine, laute Familie aufnehmen. Auch ein Ferienhaus oder eine Pension wird sehr schwer zu finden sein. Also ist die einzige Möglichkeit ein weit abseits gelegener Bauernhof oder eine tierfreundliche Finca. Das lässt sich finden, denn es gibt Tierhalter die nicht nur mit ihren Hunden, sondern auch mit ihren Pferden in den Urlaub fahren können. Das ist heutzutage ohne weiteres möglich. Auch Exoten wie Lamas wurden schon mit in den Urlaub genommen. Natürlich werden ein ärztliches Gesundheitszeugnis und andere Papiere benötigt, damit es keine Schwierigkeiten an der Grenze gibt. Wie die gesetzlichen Vorgaben bei uns Papageien sind, kann ich nicht sagen, aber Mike hätte alle Fragen geklärt. Mike und Patty hatten auch daran gedacht, uns bei Karin, der netten Ersatzpflegerin, unterzubringen. Dort im Vogelparadies gibt es auch die Möglichkeit, Papageien für die Urlaubszeit sehr gut und artgerecht in Pflege zu geben. Es ist die beste Lösung für alle, denn einen ruhigen Urlaub für Patty und Mike mit uns … sehr schwer vorstellbar. Und die Reisestrapazen für Paula und mich, ich kann es mir nicht vorstellen, dass Patty und Mike uns diese Qual zumuten würden.

So bleiben nur zwei Optionen, zuhause bleiben und den Urlaub im Garten verbringen oder uns zwei Aras zu Karin bringen. Patty und Mike verzichteten auf ihren Sommerurlaub. Wir leben in Norddeutschland zwischen den Meeren, dort, wo andere ihren Urlaub verbringen. Also ist ein Urlaub daheim für Patty und Mike kein großes Problem. Tagesausflüge können und werden immer gemacht. Paula und ich bleiben brav zu Hause, passen auf unser Heim auf, und sollten fremde Personen um unser Haus schleichen, na dann ist hier richtig Alarm.. Einbrecher haben auch keine Chance, denn keine elektronische Alarmanlage kann so zuverlässig sein … und nicht so laut.. Zum Abschluss muss ich noch anmerken, dass wir Papageien, besonders wir Aras, bei guter Haltung und Pflege ein stattliches Alter erreichen können.

Kapitel 8: Warum können Papageien so alt werden?

Anmerkung des Autors: Jeder kennt die „Rosalinda" aus den Pippi-Langstrumpf-Filmen. Dieser rote Ara ist im Alter von 51 Jahren in einem Zoo verstorben, ein stolzes Alter für einen Vogel. Wie bei Menschen auch, ist dies aber sehr unterschiedlich und hängt von der Lebenssituation ab. Kleine Papageien wie ein Wellensittich können bei guter Haltung und Pflege ca. 15 Jahre alt werden. Aras haben aber bei einer ebenfalls guten Haltung und Pflege eine Lebenserwartung von über 50 Jahren. Es gibt auch wesentlich ältere Papageien, die bei bester Gesundheit sind. Wie bei Menschen auch, die Lebensumstände bringen Gesundheit und ein hohes Alter. Wieso können Papageien in der Regel so alt werden? Dies liegt am Stoffwechsel. Bei größeren Vögeln ist der Herzschlag niedriger als bei den kleineren Arten und somit ist der Stoffwechsel niedriger und ausgeglichener. Deshalb ist es enorm wichtig, den Vögeln, unabhängig von der Größe und Gattung, jeden Stress zu ersparen. Vögel sind Fluchttiere und so verhalten sie sich auch. Ein großer Papagei, der einem tagtäglichen Stress und einer Unruhe ausgesetzt ist, der wird nicht alt.

Ein weiterer und nicht ganz unwichtiger Punkt ist, die Hinterlassenschaft. Ja, richtig. In welche guten Hände kann der Papagei abgegeben werden, wenn der Pfleger nach einer jahrelangen persönlichen Bindung und Zuneigung nicht mehr für den Vogel sorgen kann oder vor dem Papagei stirbt? Man muss sich der Intelligenz dieser Vögel sehr bewusst sein, denn der Papagei hat in der Regel einen durchschnittlichen Intelligenzquotienten eines drei- bis vierjährigen Kindes. Kein noch so trainierter Hund kann da mithalten. Ja, ich weiß, nun werden einige Hundehalter wieder aufschreien und mir versuchen das Gegenteil zu erzählen. Gegenfrage: Kann Ihr Hund sprechen? Nein? Die Papageien bei der richtigen Ansprache und Zuneigung aber schon. Die Papageienhaltung ist sehr anspruchsvoll und zeitaufwendig. Eine artgerechte und ausgewogene Ernährung ist für die Gesundheit ganz wichtig und finanziell nicht zu unterschätzen. Für ausreichende Beschäftigung der Tiere muss ebenfalls gesorgt werden, damit diese intelligenten Vögel nicht verkümmern. All das erfordert Wissen, Zeit und viel Geduld. Die Einzelhaltung von Papageien, egal, welcher Art und Größe ,ist absolut abzulehnen. Es ist eine reine Tierquälerei und muss meiner Meinung nach gesetzlich verboten werden. In vielen Ländern ist das schon so.

Papageien sind, wie schon so oft hier erwähnt, sehr soziale und sensible Lebewesen. Die Vögel sind auf ihren Pfleger und Besitzer fixiert und durch ihn geprägt. Eine Trennung, die leider oft vorkommt, verkraften nicht alle Papageien. Deshalb muss man sich eine Haltung dieser herrlichen Vögel sehr genau überlegen und keinesfalls aus der ersten Begeisterung und Euphorie einen Papagei anschaffen. Das wird nicht gut gehen. Schmerzlich für beide. Möchte man das?

Das waren meine ersten Erlebnisse bei Patty und Mike mit meiner süßen Paula. Ich werde Mike, meinen „Ghostwriter“, irgendwann überreden, weitere Geschichten von uns aufzuschreiben. Nun müssen erst ein paar Jahre vergehen, damit wir uns weiterentwickeln können und vielleicht werden Paula und ich eine kleine Familie gründen. Bis dahin wünsche ich euch alles Gute und wenn ihr einen Papagei, irgendwo im Zoo, im Fernsehen, bei Freunden oder in einer Papageienfarm seht, dann denkt an uns.

Tschüss, meine Freunde..